KB252682

신방수 세무사의
부동산 세금 핵심 질문 100

신방수 세무사의
부동산 세금 핵심 질문 100

신방수 지음

두드림미디어

부동산 세금,
이제 피하지 말고 당당히 대처하라!

부동산 세금은 이제 단순한 계산 문제가 아니다. 같은 집을, 같은 시기에 팔아도 누군가는 비과세를 받고, 누군가는 억대의 중과세를 맞는다. 이 극명한 차이를 만드는 것은 단순한 지식이 아니라 **'구조를 꿰뚫는 눈, 순서를 정하는 전략, 그리고 결정적인 판단의 타이밍'**이다.

현장에서 상담하며 가장 안타깝게 듣는 말들이 있다.
"그때는 맞았는데요."
"인터넷에서는 된다고 했어요."
"주변에서 다 그렇게 한다길래…."
하지만 부동산 세금은 과거가 아닌 **지금의 법**으로 집행되고, 일반론이 아닌 나의 **개별 상황**으로 결론 나며, **단 한 번의 선택이 되돌릴 수 없는 결과**로 이어진다.

이 책은 단순한 세법 해설서가 아니다
딱딱한 조문을 나열하거나 기계적인 계산식을 설명하는 책은 이미 시중에 많다. 더구나 이제는 AI와 검색만으로도 쏟아지는 세법 정보를 얻

을 수 있는 시대다.

문제는 정보의 부족이 아니라, 넘쳐나는 정보를 잘못 적용하는 오판에 있다. 이 책은 25년간 상담 현장에서 수없이 반복된 질문들, 그리고 '이 것을 미리 알았더라면…'이라는 탄식으로 끝난 사례들을 바탕으로, **납세자가 가장 빠지기 쉬운 함정**만을 골라내어 정리했다.

왜 1주택자인데 세금이 나오는지, 임대주택은 언제 비과세를 깨뜨리는지, 중과세는 어떻게 작동하는지, 법인이 왜 탈출구가 아닌 덫이 될 수 있는지….

이 책은 그 수많은 "왜?" 에 대한 **명쾌한 답**이다.

핵심은 제도가 아니라 판단 기준이다

부동산 세금은 살아 있는 생물과 같다. 같은 주택이라도 비과세 판단 때는 빠졌다가, 중과세 판단 때는 포함되고, 종합부동산세 계산 때는 또 다른 기준이 적용된다. 그래서 '이런 제도가 있다'라는 나열식 설명 대신, '**이 상황에서는 이렇게 판단해야 한다**'라는 실전 기준을 중심으로 구성했다.

거주주택 비과세와 중과세의 미묘한 차이, 입주권과 분양권에서 가장 많이 착각하는 포인트, 개인과 법인의 경계에서 생기는 오해까지, 모든 초점은 실무적인 판단 기준에 맞춰져 있다.

이 책, 이렇게 활용하라

이 책은 처음부터 끝까지 정독해도 좋지만, 본인의 상황과 가장 비슷한 사례를 찾아 **사전처럼 활용**할 때 빛을 발한다. 지금 팔아도 되는지, 무엇을 먼저 팔아야 하는지, 사업자·법인·증여 중 어떤 카드를 꺼내야 할지, 그리고 언제 전문가의 도움이 필요한지 스스로 점검할 수 있도록 설계했다.

더 깊이 있는 내용이 궁금하다면 저자의 다른 저서들을 참고하거나, **네이버 카페 신방수세무아카데미의 무료상담 코너**를 활용하기 바란다.

마지막으로,

부동산 세금에서 가장 위험한 사람은 아예 모르는 사람이 아니라, **어설프게 안다고 믿는 사람**이다. 이 책이 세금을 없애주는 마법 책은 아닐지

라도, 눈앞에 놓인 함정을 피해 가게 해주는 **든든한 안내서**가 되기를 바
란다.

2026년, 부동산 세금 시장은 또다시 큰 갈림길에 서 있다. 독자 여러분
이 그 갈림길 앞에서 조금이라도 더 안전하고 **현명한 선택**을 하는 데
이 책이 도움이 되기를 바란다.

역삼동 사무실에서
세무사 신방수

PART 03 일반(12억 원 이하) 1주택자의 비과세 질문

PART 04 고가(12억 원 초과) 1주택자의 비과세 질문

PART 05 2주택자의 비과세와 중과세 질문

PART 06 주택임대사업자의 비과세와 중과세 질문

PART 09 매매사업자와 법인의 비과세와 중과세 질문

● 일러두기 ●

이 책을 읽을 때는 다음 사항에 유의하시기 바랍니다.

1. 개정세법의 확인

이 책은 **2026년 2월 말 현재** 시행 중인 세법을 기준으로 집필되었습니다. 다만, 세법은 개정이 잦고, 정부 대책이 수시로 발표됨에 따라 그 적용 시점에 따라 결론이 달라질 수 있으므로, 실무에 적용할 때는 반드시 해당 시점의 최신 세법을 확인하시기 바랍니다.

2. 용어의 사용

이 책에서는 설명의 간결성과 가독성을 위해 다음과 같은 약어를 사용합니다.

- 양도소득세 → 양도세
- 종합부동산세 → 종부세
- 장기보유특별공제 → 장특공제
- 토지거래허가구역 → 토허제
- 조정대상지역 → 조정지역 등

3. 부동산 관련 세무 정보의 확인

부동산 세금 판단에 필요한 각종 기준 정보는 다음 경로를 통해 확인할 수 있습니다.

- 투기과열지구·조정대상지역·토지거래허가구역 : 대한민국 전자관보
- 부동산 세금 계산 : 국세청 홈택스, 저자 운영 카페

4. 책 내용 문의 및 세무 상담 안내

책의 내용에 대한 문의 및 세무 상담은 저자가 운영하는 카페를 통해서 하실 수 있습니다.
방문 상담 등 구체적인 **상담 절차에 대해서는 부록**을 참조하시기 바랍니다.

중과세 유예 종료와
불이익

2026년 5월 9일은 다주택자의 중과세 유예가 끝나는 기한이다. 그런데 2025년 6월에 등장한 새 정부에서는 이 중과세 유예 기한을 연장하지 않을 예정이다. 그렇다면 이 제도가 작동하면 어떤 일들이 발생할까?

1. 중과세의 시행과 불이익

중과세가 적용되면 양도소득세(양도세)에서 다음과 같은 2가지의 불이익을 받게 된다.

구분	현행	변경
장특공제	6~80%	0%
세율	6~45%	6~45%+20~30%P

예를 들어, 15년 보유한 주택의 양도차익이 10억 원이라고 하자. 이 경우, 양도세는 다음과 같이 변하게 된다. 기본공제 250만 원은 이하의 분석에서는 고려하지 않는다.

● **양도세 및 세후 소득 비교(양도차익 10억 원, 15년 보유)**

구분	현행(일반세율)	2주택 중과(+20%)	3주택 이상(+30%)
양도차익	10억 원	10억 원	10억 원
장특공제(30%)	△3억 원	0	0
과세표준	7억 원	10억 원	10억 원
적용세율	42%	62%	72%
누진공제	△3,594만 원	△3,594만 원	△3,594만 원
산출세액	2억 5,806만 원	5억 8,406만 원	6억 8,406만 원
지방소득세(10%)	2,580.6만 원	5,840.6만 원	6,840.6만 원
총 세액	2억 8,386.6만 원	6억 4,246.6만 원	7억 5,246.6만 원
세후 소득(실익)	7억 1,613.4만 원	3억 5,753.4만 원	2억 4,753.4만 원
실효세율	약 28.39%	약 64.25%	약 75.25%

2. 양도세 중과로 벌어질 일들

양도세 중과세는 그 자체로도 큰 불이익이지만, 이 제도의 시행으로 다양한 효과가 발생할 가능성이 크다.

첫째, **매물 잠김 현상**으로 공급이 위축될 수 있다.
양도세가 차익의 60~70%를 웃돌면 집주인은 팔아도 남는 게 없다고 판단해 매물을 거두어들일 가능성이 농후하다.
둘째, 양도세 중과는 단독으로 작용하지 않는다. 재산세와 종합부동산세(종부세) 등 보유세와 맞물려 **다주택자를 압박**하게 된다. 특히, 은퇴자나 소득이 적은 다주택자의 경우, 심각한 유동성 위기에 직면할 수 있다.
셋째, 중과세를 피하고자 외곽 지역이나 비선호 지역의 주택을 먼저 처분하고, 핵심 지역(강남, 용산 등)의 주택만 보유하려는 경향이 강해진다. 이른바 **부동산 시장의 양극화**가 가속될 수 있다. 물론 그 반대의 현상이 발생할 수도 있다.

넷째, 주택자들이 늘어난 세금 부담을 세입자에게 전가하려는 시도가 나타날 수 있다.

다섯째, **증여의 가속화**가 발생할 수 있다. 양도세율보다 증여세율이 낮거나 장기적 관점에서 유리할 경우, 매매 대신 증여를 선택함으로써 다주택 구조가 굳어질 수 있다(10년 이월과세 적용).

Expert Tip

2026년 주요 세제 항목별 실무 체크리스트

구분	주요 내용	실무 포인트
비과세 거주 요건	취득 당시 조정지역인 경우만 2년 거주 필수	양도 당시 해제 여부와 상관없음.
다주택자 중과세	양도 당시 조정지역 내 주택에 가산세율 적용	중과 유예 및 주택 수 제외 확인
취득세 중과	규제지역 내 다주택 취득 시 고율 과세 적용	증여 취득세 강화 규정 주의
종부세	주택 수와 공시가격 합계액이 판단 기준	초고가 주택 종부세 부담 증가 가능

중과세와 종부세는
왜 단짝인가?

앞에서 보았듯이, 2주택 또는 3주택 양도세가 작동하면, 이 상황에서는 도저히 팔 수가 없다. 그래서 대부분 **버티기에 돌입**할 수밖에 없다. 이렇게 되면 정부로서는 매물 출현을 기대할 수 없다. 이에 정부는 필연적으로 보유세, 그중에서도 **종부세를 손댈 수밖에 없을 것**으로 관측된다.

종부세는 개인 단위로 전국의 모든 주택의 기준시가를 합계해 공제금액을 차감하고 공정시장가액비율을 적용해 과세표준을 산정하는 구조다. 여기에 해당 세율을 곱해 최종 세액을 계산한다.

예를 들어, 공시가격(기준시가)의 합계액이 20억 원이고, 기본공제액이 9억 원이며 공정시장가액비율이 60%인 경우 종부세는 얼마나 될까? 공시가격 20억 원에서 9억 원을 차감하면 11억 원이 나온다. 이에 가액 비율 60%를 곱하면 과세표준은 6.6억 원, 그리고 세율을 곱하면 종부세가 나온다. 그 결과, 종부세는 대략 300만 원 수준으로 예상된다.

그렇다면 여기서 한 가지 질문을 던져보자.
공시가격 20억 원은 시가로 환산하면 30억 원쯤 되는데, 저 세금이 많다고 과연 중과 대상 주택을 양도할까?

결코, 아닐 것이다. 그래서 정부로서는 당연히 보유세를 손댈 수밖에 없다. 이러한 관점에서 보면 **양도세 중과와 보유세 인상은 단짝**을 이룰 수밖에 없다고 할 수 있다.

다주택자, 보유세 인상은
어떻게 일어날까?

보유세는 크게 지방정부에서 부과하는 재산세와 중앙정부에서 부과하는 종부세로 구분된다. 이 중 재산세는 전 국민을 대상으로 과세하므로 조세조항이 만만치 않다. 하지만 종부세는 그렇지 않다. **종부세의 크기를 조절하는 방법**에 대해 알아보자.

첫째, 공시가격과 공정시장가액비율을 올린다.
둘째, 주택 수가 아닌 주택가격에 따라 세율을 적용한다.
셋째, 세율의 누진도를 강화한다.
넷째, 장기보유 및 나이에 따른 세액공제를 조정한다.

예를 들어보자.
앞에서 주택의 공시가격이 20억 원이고 기본공제액이 9억 원, 공정시장가액비율이 60%인 종부세는 대략 300만 원으로 예상되었다. 그렇다면 여기서 공정시장가액비율을 80%로 인상하면 종부세는 얼마나 올라갈까?
공정시장가액비율을 60%에서 80%로 상향하면, 과세표준 자체가 33.3% 증가할 뿐만 아니라 누진세율 체계상 더 높은 세율 구간으로 진입하게 되어 세 부담은 그보다 더 큰 폭으로 늘어난다.

이러한 조건으로 비교 계산해보자.

● **공정시장가액비율 인상에 따른 종부세 비교**

구분	현행(60%)	변경(80%)	증감액
공시가격 합계	20억 원	20억 원	–
기본공제	– 9억 원	– 9억 원	–
공정시장가액비율	60%	80%	+20%P
과세표준	6.6억 원	8.8억 원	+2.2억 원
적용세율(일반)	0.5 ~ 1.0%	0.5 ~ 1.0%	구간 상승
산출세액(추정)	342만 원	520만 원	+178만 원

그런데 공정시장가액비율만 가지고는 세 부담이 생각보다 많이 늘어나지 않을 수 있다. 그래서 공시가격 조정이나 세율 등을 조절할 수밖에 없다. 물론 세율이 어떤 식으로 개정될지는 두고 봐야 하지만, **보유세 강화 시 세율 개정은 필수 요소다.**

예를 들어 조정지역 2주택 소유자의 공시가격 합계액이 30억 원이고, 공정시장가액비율 60%, 세율은 일반세율이 적용된다고 하자. 이를 비율 80%, 세율을 현행세율의 2배로 올리면 예상되는 세액의 변화는 다음과 같다.

● **조정지역 2주택자 종부세 변화 시뮬레이션**

(A) 현행 기준 : 공시가격 30억 원, 기본공제 9억 원, 공정시장가액비율 60%, 일반세율 적용

(B) 변경 기준 : 공시가격 30억 원, 기본공제 9억 원, 공정시장가액비율 80%, 일반세율의 2배 적용(가정)

구분	현행(A)	변경(B)	증감 비율
공시가격 합계	30억 원	30억 원	–
기본공제	– 9억 원	– 9억 원	–
공정시장가액비율	60%	80%	+20%P
과세표준	12.6억 원	16.8억 원	33.3% 증가
적용세율(누진)	0.5 ~ 1.3%	1.0 ~ 2.6%	2배 인상
산출세액(추정)	약 1,020만 원	약 2,750만 원	약 2.7배 증가
총 세액(농특세 포함)	약 1,224만 원	약 3,300만 원	폭증

→ 단, **세 부담 상한률**이 적용되면 전년도 낸 세금의 150% 등으로 상승 폭이 제한된다. 따라서 이 부분도 **개정될 가능성**이 크다.

Expert Tip

종부세 개정은 어떻게 이루어질까?

종부세는 여러 변수의 조합으로 결정된다. 따라서 정부의 개정 방침도 이러한 구조에 따라 다양한 형태로 나올 것으로 보인다.

구분	현행	비고
공시가격 합계	매년 발표	
기본공제	1주택 12억 원/그 외 9억 원	선별적으로 조정 (법인은 공제금액 없음)
공정시장가액비율	60%	상향 조정 가능
적용세율	일반세율과 중과세율(누진세율)	세율체계 개편 가능성 큼.
세 부담 상한률	150%	선별적으로 조정 (법인은 상한률 없음)

버티면
손해가 되는 구조란

양도세 중과세와 보유세가 하나의 패키지로 움직인다는 점을 확인했다. 그렇다면 시장은 어떻게 흘러갈까? 과거 사례를 보면 일부는 양도나 증여 등으로 방향을 잡을 것이고, 일부는 버티기에 들어갈 가능성이 크다. 그렇다면 버티는 것이 과연 이익이 될까, 손해가 될까? 이에 대한 시뮬레이션은 변수가 많아 부정확할 수 있으나, 대략적인 그림은 그릴 수 있다.

예를 들어, 앞의 사례에서 공시가격이 30억 원일 때 예상되는 종부세가 공시가격의 1%인 3,000만 원이라고 하자. 이 경우, 5년간 현금 유출은 1억 5,000만 원이 된다.

그렇다면 이러한 상태에서 **버티면 이익이 될지 손해가 될지**는 무엇에 의해 결정될까? 이는 필시 **부동산 가격의 향방과 정부 정책의 변경**이 될 것이다.

▶ 부동산 보유 여부 판단을 위한 핵심 공식

> 예상 가격 상승분 〉 (5년간 누적 보유세) + (양도세 차액) + (기회비용)

- 손익분기점 : 만약 5년간 보유세로 1.5억 원을 낸다면, 해당 주택가격이 세후 기준으로 최소한 1.5억 원 이상은 올라주어야 본전임.
- 정책 변수 : 만약 차기 정부에서 양도세 중과를 영구 폐지한다면, 현재 중과 상태에서 파는 것보다 5년을 버틴 후 일반세율로 파는 것이 세액 차이만으로도 1.5억 원 이상의 가치를 기대할 수 있음.

● 버티기 vs 매도 의사 결정 핵심 변수 요약

판단 변수	버티기가 유리한 경우	매도가 합리적인 경우
부동산 가격 흐름	가격 상승 폭이 보유 비용을 상회함 (입지 우위, 공급 제한 지역).	가격 상승 폭이 보유 비용에 미달함 (입지 열위, 수요 둔화 지역).
정부 정책 방향	규제 완화 가능성 큼 (세율 인하, 중과 폐지·완화 기대).	규제 유지 또는 강화 가능성 큼 (고세율 구조 장기화).
양도세 구조	향후 일반과세 전환 가능성 큼.	중과세 유지로 출구 전략 제한
기회비용	대체 투자 수익률이 낮음.	주식·채권·사업 등 대체 투자 수익률 우수

→ 보유 비용을 늘리는 방법 중 대표적인 것은 보유세를 늘리는 것이다. 보유 비용이 생각보다 큰 경우에는 보유의 실익이 줄어들 수밖에 없을 것이다. 그래서 종부세가 어떤 식으로 개정될 것인지가 매우 중요해졌다.

1주택자는
누가 타깃이 되는가?

지금까지 살펴본 바와 같이, 조정지역 내 다주택자에 대한 양도소득세 중과는 결국 보유세 인상을 수반할 수밖에 없다. 그 결과, 많은 다주택자가 주택 수를 줄이는 방안을 모색하게 될 것이다. 다주택자가 불리해지기 때문이다.

이와 같은 현상이 지속될 경우, 수요는 결국 1주택에 집중될 가능성이 크다. 이에 따라 정부는 이른바 **'똘똘한 1주택'**에 대한 세제 개선을 검**토할 여지**도 있다.

다음에서 조정지역 내에서 1주택자와 2주택자의 주택가격 합계가 동일한 경우를 가정해서 종합부동산세와 양도소득세의 차이가 얼마나 발생하는지 살펴보자.

자료 가정

① 1주택 보유 : 공시가격 30억 원(양도차익 30억 원, 10년 거주, 양도가액 40억 원 가정)

② 2주택 보유 : 공시가격 30억 원(양도차익 각 15억 원, 양도 대상 주택 미거주, 남은 주택은 10년 거주)

● **1주택자 vs 2주택자 세 부담 비교**(자산가액 30억 원 동일)

구분	1세대 1주택자	조정지역 2주택자	비고
자산 구성	1주택(공시 30억 원)	2주택(각 15억 원)	합계 30억 원 동일
[보유세] 종부세	약 550~600만 원	약 1,200~1,500만 원	기본공제·세율 차이
[양도세] 과세 방식	12억 원 비과세 + 고가주택 과세	다주택 중과	유예 종료 가정
[양도세] 장특공제	80%	0%	거주 여부
[양도세] 총 세액	약 1.5억 원(비과세 양도 차익 30억 원 기준)	약 10억 원(중과세 양도 차익 15억 원 기준)	1채 매도 기준
실효세율(양도)	약 5%	약 66%	차익 기준

다주택자에 대한 중과세와 보유세 인상은 필연적으로 앞서 살펴본 것과 같은 흐름을 만들어낸다. 그런데 문제는 그 다음이다. 이 구조 속에서 이른바 '똘똘한 1주택'이 부동산 시장을 선도하고, 그 결과 다른 지역의 주택가격에도 연쇄적인 반응을 일으킬 가능성이 크다.

이러한 흐름이 지속되면, 정부 역시 가만히 있을 수 없다. 결국 똘똘한 1주택에 대한 메리트를 줄이기 위해 2가지 방식으로 이에 대한 문제를 개선할 것으로 보인다.

그중 하나는 종부세를 개선하는 것이고, 다른 하나는 장특공제를 개선하는 것이다.

이에 대해서는 주제를 바꿔 다음에서 자세히 살펴보자.

1주택자, 보유세 인상은
어떻게 일어날까?

1세대 1주택자의 종부세는 다주택자와 과세 방식 자체가 다르다. 1주택자는 실수요자의 관점에서 12억 원을 공제해주고, 세율 역시 중과세율이 아닌 일반세율이 적용된다. 그리고 특별히 오래 보유(10년 이상 20~50%)하거나, 나이(60세 이상 20~40%)가 많으면 산출세액의 최대 80%를 세액공제하는 혜택을 주고 있다. 표를 통해 개인 주택 수별로 주요 종부세 구조를 살펴보면 다음과 같다.

구분	1주택자	2주택자	3주택 이상자
기본공제	12억 원	9억 원	9억 원
세율	0.5~2.7%	0.5~2.7%	· 과표 12억 원 이하분 : 0.5~1.0% · 과표 12억 원 초과분 : 2.0~5.0%
세액공제	보유+나이 합해 80%	없음.	없음.
세 부담 상한률	150%	150%	150%

이 표를 바탕으로 1주택자의 공시가격 규모에 따라 종부세가 어떻게 달라지는지 살펴보자.

첫째, 공시가격 12억 원 이하인 경우다.

이들의 공시가격이 12억 원 이하라면 종부세는 나오지 않는다. 따라서 이 경우, 정부 정책과는 무관하다.

둘째, 공시가격 12~30억 원 이하인 경우다.

종부세가 나오는 구간이다. 예를 들어, 공시가격이 20억 원이고 기본공제액 12억 원, 공정시장가액비율 60%라면 과세표준은 4.8억 원이다. 이런 정도의 금액에 대해서는 일반적으로 세 부담이 200만 원대에 머문다. 따라서 이렇게 과세표준이 축소된 상태에서는 큰 폭의 보유세 인상이 어렵다. 조세조항이 뒤따를 수 있기 때문이다.

셋째, 공시가격 30억 원을 초과한 경우다.

이에 해당하는 층은 이번 정부 정책의 핵심 타깃에 해당한다고 볼 수 있다. 시장을 선도하며 전반적인 가격 상승을 이끌어온 계층으로 인식되기 때문이다. 예를 들어, 공시가격이 30억 원인 아파트가 있다고 가정해보자. 기본공제액은 12억 원, 공정시장가액비율은 80%, 일반세율이 적용되며, 장기보유로 인한 세액공제가 50%가 적용된다고 하자. 그런데 **정부에서 일반세율의 2배, 장기보유를 거주로 바꿔 50%의 세액공제를 받을 수 없다고 하자.** 이 경우, 세액 변화는 얼마나 될까?

● **초고가 1주택자 보유세 변화 시뮬레이션**(공시가 30억 원 기준)
- 현행 기준 : 기본공제 12억 원, 공정시장가액비율 80%, 일반세율, 세액공제 50%
- 변경 기준 : 기본공제 12억 원, 공정시장가액비율 80%, 일반세율의 2배, 세액공제 0%

구분	현행(A)	변경(B)	비고
공시가격	30억 원	30억 원	–
기본공제	– 12억 원	– 12억 원	1주택자 기준
과세표준(80%)	14.4억 원	14.4억 원	과표 동일
적용세율	0.5 ~ 1.3%	1.0 ~ 2.6%	세율 2배
산출세액(추정)	약 1,114만 원	약 2,228만 원	산출세액 2배
보유공제	– 50%(557만 원)	0%(미적용)	공제 혜택 소멸
최종 종부세액	약 557만 원	약 2,228만 원	약 4배 증가
총 세액(농특세 포함)	약 668만 원	약 2,673만 원	최종 4배 폭증[*]

[*] 세 부담 상한률을 현행처럼 150%로 고정하면 1.5배 내에서 증가한다.

→ 초고가 1주택자에 대한 종부세는 기본공제액 상향, 일반세율 적용, 장기보유나 나이 등에 따라 세 부담이 상당히 약하다. 하지만 종부세 세액공제에서도 거주 요건을 도입해 **보유공제 대신 거주공제를 도입할 가능성**이 커 보인다.

● 1주택자 종부세 과세 방식 비교(현행 vs 변경안)

구분		현행	변경안
기본공제액		12억 원	유지 또는 축소(9억 원)
공정시장가액비율		60%	전체 인상 가능
세율		누진세율	누진세율(누진도 강화 예상)
세액공제	나이 공제	60세 이상 시 20~40%	좌동
	보유공제	10년 이상 보유 시 20~50% ※ 나이 공제 합해 80% 한도	거주 공제로 변경될 가능성 있음.
세 부담 상한률		150%	선별적 확대

종부세는 다양한 변수에 따라 세금의 크기가 달라지는데, 모든 요소가 중요하다. 그중에서도 특히 중요한 요소는 세부담 상한률이다. 세부담

상한제는 전년도에 낸 보유세 대비 증가 폭을 150% 내에서 억제하는 제도인데, 현행처럼 둘지 **법인처럼 상한을 두지 않을지가 중요해 보인다.** 법인처럼 상한을 두지 않으면 보유 자체를 할 수 없기 때문이다.

> ● **저자 주**
>
> 2026년 중에 종부세 등 세제가 전반적으로 손질될 가능성이 크다. 이 책은 2026년 2월 초에 집필된 것으로, 세제의 틀이 어떤 식으로 움직이는지를 중점적으로 살펴보고 있다. 세제가 확정된 경우, 개정판과 저자의 카페(https://cafe.naver.com/shintaxpia)를 통해 이에 대한 정보를 제공해드리고자 한다.

1주택자, 장특공제
어떻게 변경될까?

양도세에서 장특공제는 물가 상승에 따른 부동산 가치 증가분에 대해 세금을 경감해주는 조치에 해당한다. 일반적으로는 보유기간에 따라 최소 10%(3년)에서 최대 30%(15년)까지 공제한다. 다만 1주택자의 경우 세 부담을 완화하자는 취지에서 **10년 거주 및 보유 시 80%**를 공제한다. 이러한 공제 제도는 1주택 비과세 제도와 연동되어 똘똘한 1주택을 유지하는 역할을 하고 있다. 예를 들어, 앞(29페이지 표)에서 양도차익이 30억 원인 1주택에 대해 비과세와 장특공제 80%를 적용하면 양도세는 양도차익의 5%인 1.5억 원이었다. 이에 따라 정부는 **기대수익을 완화하기 위한 방안으로 장특공제를 조정할 가능성**이 커지고 있다.

1. 장특공제율을 줄이는 경우의 시뮬레이션

양도차익 30억 원(과세비율 60%)이고 비과세 물건인데, 장특공제가 80%, 40%, 30%인 경우의 양도세 크기를 시뮬레이션해보자. 여기서 40%는 보유에 따른 공제가 폐지된 것을 가정한다.

● **1주택자 장특공제 유형별 세후 결과 비교**

- A 안 : 현행 기준
- B 및 C 안 : 가정

구분	A. 80% 공제	B. 40% 공제	C. 30% 공제
적용 요건	10년 보유+10년 거주	보유공제 폐지 가정	15년 보유·미거주
전체 양도차익	30억 원	30억 원	30억 원
과세대상 차익(60% 가정)	18억 원	18억 원	18억 원
장특공제액	△14.4억 원	△7.2억 원	△5.4억 원
과세표준	3.6억 원	10.8억 원	12.6억 원
총 세액(지방세 포함)	1억 2,987만 원	4억 6,207만 원	5억 5,117만 원
세후 수익	**28억 7,013만 원**	**25억 3,793만 원**	**24억 4,883만 원**
실효세율	약 4.3%	약 15.4%	약 18.3%

2. 장특공제 한도를 두는 경우의 시뮬레이션

현행의 공제율은 그대로 두되, 양도차익을 기준으로 한도를 둘 수 있다. 예를 들어, 공제 한도를 10억 원으로 하는 경우 다음과 같이 세액이 달라진다.

● **고가주택(비과세) 양도세 비교표(A vs B)**

구분	A. 80% 공제(특례)	B. 80% 공제 + 한도
적용 요건	10년 보유 + 10년 거주	동일
전체 양도차익	30억 원	30억 원
비과세 제외 차익	22억 원	22억 원
장특공제액	△17.6억 원	△10억 원(상한)
과세표준	4.4억 원	12억 원
적용세율	40%	45%

구분	A. 80% 공제(특례)	B. 80% 공제 + 한도
산출세액	1.50억 원	4.74억 원
지방소득세(10%)	0.15억 원	0.47억 원
총 세액	약 1.65억 원	약 5.21억 원
세후 수익	**약 28.35억 원**	**약 24.79억 원**
실효세율	약 5.5%	약 17.3%

→ 1주택 장특공제는 '현행 보유+거주'의 조합으로 최대 80%이나 보유를 삭제하거나 한도를 두는 방식으로 전개될 가능성이 커보인다.

시행은
언제부터인가?

이처럼 양도세 중과세와 보유세 인상은 1주택자부터 다주택자까지 많은 영향을 미칠 수 있다. 그렇다면 이는 언제부터 시행될까?

1. 양도세 중과세

양도세 중과세는 2026년 5월 10일 이후부터 적용될 것으로 보인다. 이는 국회가 정하는 사항이 아닌 대통령령으로 정해진 사항으로, 정부에서 시행 시기를 정할 수 있다.

그렇다면 양도세 중과세를 적용받지 않으려면 양도 시기는 어떻게 맞춰야 할까? 세법에서는 원래 잔금 청산일과 등기접수일 중 빠른 날을 양도 시기 또는 취득 시기로 보는데, 이번 조치는 예외적으로 **2026년 5월 9일 이전까지 계약한 것**을 기준으로 할 것으로 알려졌다(잔금은 기존 조정지역인 강남구 등 4구는 계약일로부터 4개월, 기타 신규로 지정된 서울과 경기도 12개 지역은 계약일로부터 6개월 이내에 청산되어야 함).

다만, 여기서 주의할 것은 계약서에 계약날짜만 잡아두고 실제 입금은 5월 10일 이후에 하는 경우가 있다. 그동안 세법의 태도로 보건대, 이러한 행위는 인정하지 않으므로 반드시 **계약금을 관행에 맞춰 입금**하도록 한다. 한편, 가계약금이나 계약금이 통상적인 금액에 미달하면 이를 인정받지 못할 수 있으므로 주의해야 한다.

→ 주택임대사업자가 보유한 자동 말소된 아파트에 대해서 처분기한 (1~2년)을 두고, 기한을 지나 양도하면 중과세를 적용할 가능성이 점쳐지고 있다. 향후 개정되는 법을 참고해 이에 대비해야 할 것으로 보인다.

2. 종부세

종부세는 여러 요소에 의해 세액이 결정된다. 그런데 여기서 특히 눈여겨볼 것은 **'결정 주체가 누구인가'**이다.

구분	결정 주체	한 줄 요약	세금에 미치는 영향
공시가격	정부(국토부)	집값을 얼마로 볼 것인가?	과세 출발선. 현실화율 ↑ → 자동 증세
공정시장가액 비율	정부(시행령)	과표를 얼마나 줄여줄 것인가?	가장 빠른 감세·증세 스위치
세율	국회(법률)	얼마를 걷을 것인가?	세금의 강도. 바꾸기 가장 어려움.
세액공제	국회(법률)	누구를 깎아줄 것인가?	체감 부담 조절 장치
세 부담 상한	국회(법률)	얼마나 급하게 올릴 것인가?	폭탄 방지 장치

이 표를 통해 보건대, 세율과 세액공제 그리고 세 부담 상한률은 국회, 나머지는 정부에서 결정하는 것으로 볼 수 있다. 정부의 결정사항은 **2026년 상반기**(또는 늦어도 2027년), 국회의 결정사항은 특별 대책이 나오지 않은 한 2026년 말에 결정되어 **2027년부터 적용**될 가능성이 크다.

2026년을 지배하는
각종 규제의 상호작용

부동산 시장을 규율하는 정책 수단은 크게 행정적 허가(토지거래허가), 금융 규제(대출 제한), 조세 규제(중과세)의 3가지 축으로 운용된다. 2026년 현재, 이들 규제는 개별적으로 작동하지 않고 상호 중첩되어 납세자의 의사 결정을 제약하고 있다.

1. 토지거래허가제(토허제) 확대의 함정

허가구역 내 주택 취득(증여, 상속, 경매 등은 제외)은 오로지 **2년 실거주를 전제**로 승인된다. 이는 주택담보대출의 목적 제한과 맞물려 **갭투자**(임대차 보증금 승계 취득)**를 원천적으로 차단**한다. 특히 부담부 증여 시 채무 승계 부분이 유상 거래로 간주될 경우, 수증자의 실거주 의무가 발생해 자녀의 전입이 불가능하면, 계약 자체가 반려될 수 있음을 유의해야 한다.

2. 투기과열지구 확대와 전매제한

입주권과 분양권에 대한 **전매제한**이 적용된다. 물론 예외적으로 전매를 허용하는 때도 있다. 한편 투기과열지구 내에서는 LTV(주택담보대출비율)의 극단적 제한과 더불어 15억 원 초과 고가 아파트에 대한 **대출 규제**가 입체적으로 적용된다(이외 다주택자에 한해 대출만기 시 연장이 안 될 가능성도 제기되고 있다). 한편 투기과열지구 내 정비사업에서 조합원분양분 또는 일반분양분의 분양 대상자(당첨자) 및 그 분양 대상자와 동일 세대에 속한 자는 분양 대상자가 된 날(조합원분은 최초 관리처분계획 인가일, 일반분양은 당첨일)로부터 5년 이내에는 다른 투기과열지구의 정비사업에서 분양 신청을 할 수 없다(재당첨 금지).

3. 조정지역의 확대와 비과세, 그리고 중과세

조정지역은 **비과세 적용 시 거주 요건과 양도세 중과 적용의 양면성**이 있다. 따라서 세제 측면에서 상당히 중요하다.

→ 2018년 9월 14일 이후에 조정지역 내의 주택을 취득해 임대 등록한 경우에는 종부세 합산배제나 양도세 중과세 배제를 받을 수 없음에 유의해야 한다. 구체적인 내용은 PART 06에서 살펴본다.

● **조정지역 지정 전후 세무 체크리스트**

구분	주요 내용	핵심 체크포인트
비과세 거주 요건	취득일 현재 조정지역인 경우만 2년 거주 필수	취득 당시 비규제지역이었다면 지정 후에도 거주 불요
다주택자 중과세	양도일 현재 조정지역 내 주택이면 세율 가산	2026년 5월 9일 중과 유예 종료 시점 확인 필수
취득세 중과	지정일 이후 취득하는 주택부터 중과세율 적용	지정 전 계약 및 계약금 지급 시 종전세율 적용 가능

2026년 2월 12일 정부에서 발표한 내용에 따르면, 2026년 5월 9일 예정대로 중과세 유예가 중단된다. 다만, 2026년 5월 9일 이전에 계약하

고, 계약일로부터 4개월(기존 조정지역인 서울 강남·서초·송파·용산구), 6개월(신규 조정지역인 기타 서울지역과 경기도 12개 지역) 이내에 잔금을 청산하면 중과세를 적용하지 않는다.

4. 규제지역 자금조달계획서 및 증빙자료 제출 의무

규제지역 내 모든 거래는 자금 출처를 상세히 소명해야 한다. 특히 증여세 면제 한도를 초과하는 자금이 포착될 경우, 즉각적인 세무조사로 이어질 수 있어, 차용증 작성 및 이자 지급 내역 등 객관적 **증빙 확보가 필수적**이다(향후 신설되는 부동산감독원에서 집중 조사할 가능성이 있다).

● 매수자의 신규주택 전입 의무

구분	수도권 규제지역	수도권 비규제지역	비수도권 비규제지역
담보대출 (구입 목적)	대출실행일로부터 6개월 이내 전입 또는 임대차계약 종료일로부터 1개월 중 **더 늦은 시점**까지 유예	대출실행일로부터 6개월 이내 전입	전입 의무 없음.
토허구역	· 서울 강남·서초·송파·용산구 : 허가일로부터 **4개월** 이내 전입 · 이외 서울 지역과 경기도 12개 지역 : 허가일로부터 **6개월** 이내 전입	해당 없음.	해당 없음.
임차인 있는 경우의 유예	발표일('26.2.12) 현재 체결된 임대차계약의 **최초 계약 종료일**까지 실거주 의무 유예(다만, **최장 2년 한도→ 늦어도 2028.2.11.까지는 실거주 입주 필수**)	해당 없음.	해당 없음.

다만, 실거주 의무 및 주택담보대출 전입 의무 유예는 다주택자가 보유한 조정지역 주택을 무주택자*에게 매도하는 경우에만 한정해서 운영할 예정이다. 다주택자가 아닌 경우에는 이 규정을 적용하지 않을 가능성이 있으므로 이를 확인하도록 하자.

* 토지거래허가 신청일 및 대출신청일 기준 무주택자를 말함.

중과세와 토허제가
중첩된 경우의 해법

서울 및 경기도 12개 지역에서 적용되고 있는 토허제는 주로 아파트를 대상으로 2025년 10월 15일에 확대 시행되고 있는 제도다. 아파트를 매수하는 경우, 허가일로부터 4개월(신규 조정지역은 6개월) 이내에 전입을 해야 하며, 2년 이상 실거주를 해야 한다(2026년 말까지 적용 예정). 따라서 중과세와 토허제가 만나게 되면 몇 가지 내용을 점검해야 한다.

첫째, 토허제 적용 대상을 정확히 이해해야 한다.
서울 모든 지역과 경기도 12개 지역(과천시 등을 말함. 52페이지 참조)의 **대지권 면적이 6㎡(60㎡의 1/10로 축소해 시행)를 초과한 아파트, 1동 이상의 아파트가 포함된 연립주택과 다세대주택, 주택분양권, 주택입주권이 그 대상**이 된다. 따라서 그 외 연립주택이나 다세대주택, 그리고 다가구주택, 단독주택, 주거용 오피스텔 등은 토허제 대상이 되지 않는다.

둘째, 토허제가 적용되는 아파트는 실수요자가 아닌 자가 계약을 하면 거래가 무효가 될 수 있다.

셋째, 토허제는 계약일로부터 2주 정도 후에 허가 여부가 결정되므로 이 경우, 양도 시기는 다음과 같이 정해진다.

① 계약은 유효 기간 내, 허가는 기한 이후인 경우
상황 5월 5일 계약 체결 → 5월 9일 중과세 유예 종료 → 5월 20일 토지거래허가 완료 → 6월 30일 잔금

➔ 양도 시기 자체는 허가일(5월 20일)이 되어 유예 기간을 넘긴 것처럼 보이지만, 계약일이 5월 9일 이전임을 입증한다면 **중과세 배제 혜택을 받을 수 있다**(단, 계약일로부터 4~6개월 이내에 잔금을 청산해야 중과세에서 벗어날 수 있다).

② 계약은 유효 기간 내, 기한 이후에 허가를 받지 못한 경우
상황 5월 5일 계약 체결 → 5월 9일 중과세 유예 종료 → 6월 1일 토지거래허가 신청 반려(불허가)

➔ 이 경우에는 다음과 같이 판단한다.

- 계약의 효력 : 민법상 유동적 무효 상태였던 계약은 불허가 처분이 확정되는 순간 확정적 무효가 된다.
- 중과세 혜택의 소멸 : 계약 자체가 무효가 되었으므로 세법상 계약일을 인정받을 근거가 사라진다. 이후 다시 매수자를 찾아 계약하더라도 이미 5월 9일이라는 데드라인을 넘겼으므로 **중과세 배제 혜택은 적용받을 수 없다.**

넷째, 토허제에 따른 전입 의무를 지켜야 한다.
5월 9일 이전 계약과 계약일로부터 4~6개월 이내에 잔금 청산을 하면 중과세는 적용되지 않는다. 다만, 이와 별개로 토허구역의 경우 허가일로부터 4개월(신규 조정지역은 6개월) 이내에 전입 의무를 지켜야 한다. 한편

은행에서 담보대출을 받으면 대출 실행일로부터 6개월(또는 임대차계약 종료일로부터 1개월) 이내에 전입 의무가 있으므로, 규제지역 내에서는 이러나저러나 조기에 전입해야 할 것으로 보인다.

중과세 유예 종료와 토허제의 상관관계

상황	결과	세무적 영향
① 5월 9일 기한 내 계약 + 기한 후 허가	중과세 배제 가능	계약일의 진정성 입증 시 기본세율 적용
② 5월 9일 기한 내 계약 + 허가 반려	중과세 적용 (기회 상실)	계약 무효로 인해 유예 기간 내 처분 실패

→ 토지거래허가 불허 시 계약은 무효로 한다는 기본 특약만으로는 부족할 수 있다. 허가 과정이 길어져 유예 기간이 경과할 가능성까지 고려해, 허가 지연 시 책임 분담, 세무 리스크 발생 시 처리 방식 등을 특약으로 정교하게 설계해야 한다.

실거주는
어디에 사용할까?

앞으로 주택 시장에 대한 행정이나 세제는 '실거주'에 방점을 찍을 것으로 보인다. 1주택자라고 하더라도 거주하지 않은 주택에 대해서는 행정을 강화하거나 세제 혜택을 주지 않는 식으로 제도 개선이 이루어질 것으로 보이기 때문이다. 하지만 부득이한 사유에 의해 실거주를 하지 못하는 경우도 있기에 항목별로 이를 확인할 필요가 있다.

1. 행정 규제 : 토지거래허가제 및 전매제한

- 토지거래허가 : **허가일로부터 4개월**(신규 조정지역은 6개월) **이내 전입 및 2년간의 실거주 의무**가 부과된다. 이를 위반할 경우, 취득가액의 10% 범위에서 이행강제금이 부과되는 강력한 행정 처분이 따른다.
- 입주권 전매제한 : 투기과열지구 내 재건축사업의 경우, 10년 보유 및 5년 거주 요건을 충족한 1세대 1주택자에 한해 예외적으로 조합원 지위 양도를 허용한다.

2. 양도세 : 비과세 및 공제 체계

- 1세대 1주택 비과세 : **취득 당시 조정지역 내 주택이었다면 2년 이상
의 거주 요건**을 충족해야 비과세 혜택을 온전히 향유할 수 있다.
- 거주주택 비과세 특례 : 임대사업자가 본인이 거주하는 주택을 매도
할 때 비과세를 받기 위해서는 해당 주택에서 반드시 2년 이상 거주
해야 한다(**전국적으로 적용**).
- 장특공제 : 보유 기간(40%)과 거주 기간(40%)을 합산해 최대 80%의 공
제율을 적용한다. **거주하지 않은 주택은 최대 30%의 일반 공제율**만
적용되어 세 부담이 급증한다.

3. 종부세

- 현재 1세대 1주택자는 고령자 및 장기보유 세액공제(최대 80%)를 적용
받아 보유세 부담을 획기적으로 낮출 수 있다.
- 아래 장기보유 세액공제가 2026년 이후 **장기거주 세액공제로 바뀔
가능성이 있다.**

● 현행 종부세 세액공제

구분	적용 요건	세액공제율
고령자 세액공제	만 60~64세	20%
	만 65~69세	30%
	만 70세 이상	40%
장기보유 세액공제	5년 이상 ~ 10년 미만	20%
	10년 이상 ~ 15년 미만	40%
	15년 이상	50%
합산 한도	고령자 + 장기보유	최대 80%

실거주 목적별 요건 및 실익

구분	관련 제도	핵심 실거주 요건	실거주 미이행 시 불이익
행정	토지거래허가	허가 후 4개월(신규 조정지역은 6개월) 내 전입, 2년 거주	취득가액 10% 내 이행강제금 부과
	재건축·재개발 전매	10년 보유 및 5년 거주	조합원 지위 양도 금지 (현금 청산)
양도세	1주택 비과세	조정지역 내 취득 시 2년 거주	비과세 배제 및 일반과세 적용
	장특공제	보유와 별도로 최대 10년 거주	공제율 급감(최대 80% → 30%)
	거주주택 특례	임대사업자 거주주택 2년 거주	거주주택 비과세 혜택 박탈
보유세	종부세 특례	1세대 1주택 판정의 기초	거주 세액공제 채택 시 공제율 급감(최대 80%→40%)

토지거래허가 내 취득 시
실거주와 예외 요건

토허제는 투기적 거래를 억제하고 실수요자 중심의 시장 질서를 확립하는 데 그 목적이 있다. 허가를 득해 주택을 취득한 자는 법령에 따라 일정 기간 해당 주택을 직접 이용해야 하는 이용 의무를 지게 된다.

1. 실거주 의무의 범위와 예외적 변수

- 원칙적 2년 실거주 및 대상 : 주거용 신규 주택을 취득한 경우, 허가일로부터 4개월(신규 조정지역은 6개월) 이내 전입하고, 그 이후 2년간 직접 거주해야 한다.
- 원칙 : **세대주를 포함한 세대원 전원이 거주**하는 것을 전제로 한다.
- 예외 : 가족 구성원이 취학·질병, 근무지 변경, 이혼·상속 등의 사유로 함께 거주하지 못할 때는 객관적 증빙을 통해 예외를 인정받을 수 있다(관할 지자체 문의).

2. 허가 후 사후 관리 및 실태 조사

관할 구청은 매년 1회 이상 실태 조사하며, 그 감시망은 점차 정교해지고 있다.

- 조사 방법 : 주민등록 등본상의 전입 여부 확인은 기본이며, 실제 거주를 입증하기 위해 전기·수도·가스 사용량 데이터를 조회한다.
- 현장 점검 : 사용량이 비정상적으로 적거나 허위 거주 정황이 포착될 경우, 현장 방문 조사와 함께 관리비 결제 내역, 택배 수령 기록 등의 제출을 요구받을 수 있다.

3. 실거주 위반 시 행정적·형사적 불이익

이용 의무를 위반하거나 허위로 허가를 받은 사실이 적발될 경우, 강력한 제재가 가해진다.

- 이행강제금 부과 : 실거주 위반 시 3개월 이내의 이행 명령이 내려지며, 이를 이행하지 않으면 취득가액의 **10% 범위에서 매년 이행강제금**이 반복 부과된다(방치 시 10%, 임대 시 7%, 목적 변경 시 5% 차등 적용).
- 처벌 및 계약 효력 : 처음부터 거주 의사 없이 부정하게 허가를 받은 경우, 2년 이하의 징역 또는 토지 가격의 30%에 해당하는 벌금을 물릴 수 있다. 또한, 허가 요건을 위반한 거래는 **민법상 효력이 부정**될 수 있음에 유의해야 한다.

→ 위 이행강제금과 처벌은 별개로 진행된다. 참고로 2026년 2월 현재 토허구역은 **서울 모든 지역과 과천시, 광명시, 성남시 분당구, 성남시 수정구, 성남시 중원구, 수원시 영통구, 수원시 장안구, 수원시 팔달구, 안양시 동안구, 용인시 수지구, 의왕시, 하남시의 경기도 12개 지역** 등으로 지정되어 있다(또한 투기과열지구, 조정지역으로도 동시 지정되어 있다).

토지거래허가 실거주 규정 및 위반 시 대가

항목	주요 내용	비고
전입 기한	허가일로부터 4개월(신규 조정지역은 6개월) 이내 전입 필수	전입 지연 시 소명 절차 필요
이용 의무기간	전입일(4~6개월)로부터 2년	이 기간 내 매각 및 임대 원칙적 금지
예외 인정 사유	질병 치료, 취학, 생업상 이유 등	관할 지자체의 사전 승인 및 증빙 필요
위반 시 제재	취득가액의 최대 10% 이행강제금 등	이행될 때까지 매년 부과

투기과열지구 내 입주권 전매 시
실거주와 예외 요건

투기과열지구 내 정비사업 주택의 전매제한은 투기 수요를 억제하기 위한 강력한 행정적 장치다. 하지만 장기 보유한 실수요자나 불가항력적인 사유가 발생한 경우에는 예외적으로 전매를 허용하고 있다.

1. 정비사업별 전매제한 시점

- 재건축사업 : **조합설립인가 후**부터 소유권 이전 등기 시까지 조합원 지위 양도가 제한된다.
- 재개발사업 : **관리처분계획인가 후**부터 소유권 이전 등기 시까지 조합원 지위 양도가 제한된다.
- 분양권(일반분양) : 당첨된 날로부터 소유권 이전 등기 시(최대 3년)까지 전매가 금지된다. 다만, 수도권 내 공공택지 등 입지에 따라 전매제한 기간이 상이하므로 해당 단지의 입주자 모집 공고를 확인해야 한다.

2. 전매제한 예외

- 1세대 1주택자의 10년 보유 5년 거주 : 1세대 1주택자로서 **10년 이상 보유하고 5년 이상 거주하면 전매가 가능**하다. 다만, 부부 공동명의 시 공동명의자 **모두가 5년 이상 거주**한 때에만 전매를 허용하는 것이 원칙이다(관할 지자체 문의).
- 기타 불가항력적 전매 허용 사유 : 전매제한 기간 중이라 하더라도 해외 이주, 상속, 생업·질병·취학 등 부득이한 사유, 이혼, 경·공매와 같은 예외적 사유가 발생하고, 사업 주체의 동의를 얻으면 제한적으로 전매가 허용될 수 있다.

> **Expert Tip**
>
> **투기과열지구 전매제한 예외 요건 비교**
>
> | 구분 | 핵심 내용 | 비고 |
> | --- | --- | --- |
> | 장기보유 특례 | 10년 보유 + 5년 거주(1주택자) | 부부 둘 다 거주 시 인정 |
> | 상속·이주 | 세대원 전원이 상속주택 등으로 이전 | 증빙 서류 필수 제출 |
> | 해외 체류 | 세대원 전원 이주 또는 2년 이상 체류 | 출국 증명서 등 확인 |
> | 기타 사유 | 이혼에 따른 재산 분할 등 | 법적 확정판결 및 등기 기준 |

조정지역 양도세 비과세를 위한
실거주와 예외 요건

조정지역 관련 세제 중 가장 핵심적인 사항은 1주택자에 대한 양도세 비과세 적용 시 2년 거주 요건의 적용 여부다. 해당 요건은 취득 당시 주택 소재지가 조정지역으로 공고된 상태에서 취득한 때에만 적용되는 것이 원칙이다.

1. 비과세를 위한 2년 거주 요건

1) 원칙

2017년 8월 3일 이후 조정지역에 소재하는 주택을 취득하는 경우, 거주자와 그 세대원이 해당 주택을 2년 이상 보유하고 그 기간 중 2년 이상을 거주해야 양도세 비과세 혜택을 적용받을 수 있다. 이때 조정지역 해당 여부는 양도 시점이 아닌, 취득 시점의 공고를 기준으로 판단한다.

2) 예외 : 부득이한 사유

취득 당시 조정지역에 소재하더라도 다음 각호의 사유에 해당하면 거주 요건의 적용을 면제하거나 완화한다.

- 취학, 질병의 요양, 근무상의 형편 등으로 세대원 전원이 다른 시·군으로 주거를 이전하는 경우(1년 이상 거주 시 인정)

2. 사례(서울 종로구 기준)

만약 종로구에서 2015년, 2024년, 2026년에 취득한 경우라면 거주 요건이 적용되는가?
2025년 10월 15일부로 서울 전역이 조정지역으로 재지정됨에 따라, 취득 시기에 따른 거주 요건 적용 여부는 다음과 같이 차등화된다.

취득 시점	지역 상태	거주 요건 여부	비고
2015년	비조정지역	미적용	2017.8.2 이전 취득분으로 2년 보유 시 비과세
2024년	비조정지역	미적용	2023.1.5 해제 이후 취득분으로 2년 보유 시 비과세
2026년	조정지역	적용	2025.10.15 재지정 이후 취득분으로 2년 거주 필수

3. 거주 요건 관련 실무상의 유의점

- 무주택자의 계약 : **조정지역 공고일 이전**에 매매계약을 체결하고 계약금을 지급한 사실이 확인되는 **무주택 세대의 경우 거주 요건을 적용하지 않는다.**
- 상생 임대주택 : 임대료 증액 제한(5%)을 준수하고 2년 이상 임대한 주택으로서 요건을 갖추면 **2년 거주 요건을 면제**한다.
- 거주 기간 산정 기준 : 거주 기간은 전입일 때부터 전출일까지의 기간으로 계산하되, 주민등록상 기재와 실제 거주 사실이 일치해야 한다. 사실관계 증명이 핵심이므로 관리비 납부 내역 등 증빙자료 관리가 요구된다.

- 해제 후 양도 시 유의 : 취득 당시 조정지역이었다면, **설령 양도 시점에 해당 지역이 해제되더라도 2년 거주 요건을 충족해야** 비과세가 가능함을 인지해야 한다.

Expert Tip

토허제 실거주 의무 vs 조정지역 거주 요건 비교

구분	토허제 실거주 의무	조정지역 비과세 거주 요건
관련 법령	부동산 거래신고 등에 관한 법률	소득세법 시행령 제154조
규제 성격	취득 허가 조건(사전 규제)	세제 혜택 조건(사후 요건)
대상 범위	허가구역 내 모든 아파트 (대지면적 6㎡ 이하 제외)	1세대 1주택 비과세희망자
의무 내용	전입 후 2년 연속 거주	양도 전까지 통산 2년 거주
임대 허용	원칙적 임대 불가	거주 요건 충족 전후 임대 가능
의무 불이행	이행강제금 부과 및 처벌	비과세 배제 및 일반과세
구제책·특례	거의 없음(이용 의무 예외 희박).	상생 임대주택, 부득이한 사유 등 존재

전국 임대사업자의 비과세를 위한
실거주 요건

양도세 비과세를 위한 거주 요건은 취득 당시 조정지역으로 지정된 주택에 대해서만 적용된다. 그런데 주택임대사업자 중 임대주택 외에 본인이 거주하는 주택(이하 거주주택)을 비과세받고자 할 때는 일반적인 비과세와는 다른 잣대가 적용된다. 소득세법 시행령 제155조 제20항에 따른 거주주택 비과세 특례는 주택 소재지가 조정지역인지, 아닌지와 상관없이 전국 모든 지역의 주택에 대해 2년 실거주 요건을 강제하고 있기 때문이다.

사례를 통해 이에 대해 알아보자.

상황 A씨는 지방 비조정지역에 아파트(B)를 보유하고 있으며, 서울에 임대주택(C)을 등록해 운용 중이다. A씨는 B 주택에서 2년간 보유만 하고 거주는 하지 않은 상태에서 양도하고자 한다. 이 경우, B 주택에 대한 비과세가 가능한가?

가능하지 않다. A씨는 임대주택(C)을 보유한 다주택자이므로 일반 비과세가 아닌 특례를 적용받아야 한다. 이 경우, B 주택이 비조정지역에 있더라도 2년 실거주를 하지 않았다면 비과세를 받을 수 없다.

조정지역 일반 비과세 vs 주임사 거주주택 비과세 비교

일반적인 1주택 비과세는 취득 당시 지역이 중요하지만, **주택임대사업자의 거주주택 비과세는 지역과 상관없이** 강력한 거주 의무가 부여된다.

구분	일반 1주택 비과세	임대사업자 거주주택 비과세
실제 적용 기준	취득 당시 조정지역 여부	임대사업자 여부
거주 요건	조정지역만 2년 거주	전 지역 무조건 2년 거주
비조정지역의 함정	거주 없어도 가능	거주 없으면 비과세 불가
비과세 가능 횟수	여러 번 가능	동일(제한적)
이 규정의 본질	일반적 혜택	임대사업자에 대한 조건부 특혜

고가주택자의 장특공제 확대를 위한
실거주 요건

1세대 1주택자라면 누구나 세금 걱정이 없다고 생각하기 쉽지만, 양도 가액이 12억 원을 초과하는 고가주택의 영역으로 들어서면 이야기가 달라진다. 12억 원까지는 비과세가 적용되나, 이를 초과하는 양도차익에 대해서는 여전히 과세가 이루어지기 때문이다. 이때 세금의 향방을 결정짓는 핵심 변수는 비과세 요건이 아닌, 바로 **장특공제의 거주 요건** 이다.

1. 비과세 거주 요건 vs 장특공제 거주 요건의 차이

실무에서 가장 많이 발생하는 실수는 본인의 거주지역이 비조정지역 주택이라 "거주 요건이 없으니 안 살아도 비과세다"라고 안심하는 것이 다. 그러나 비과세는 맞을지언정, 고가주택 기준 초과 부분에 대한 세금 폭탄은 피할 수 없다.

● 비과세와 장특공제 실거주 요건 비교

구분	1세대 1주택 비과세 거주 요건	1주택자 장특공제 특례 거주 요건
근거 법령	소득세법 시행령 제154조	소득세법 제95조 제2항
적용 대상	취득 당시 조정지역 주택	전국 모든 고가주택(지역 불문)
핵심 요건	2년 이상 실거주 시 비과세	거주 기간에 비례해 공제율 차등 적용 (보유 40%+거주 40%=80%)
미충족 시	일반과세(비과세 배제)	기본공제 적용(연 2%, 최대 30% 제한)

2. 실거주 여부에 따른 세액 시뮬레이션

양도가액 20억 원의 아파트를 10년 보유한 A씨와 B씨의 사례를 통해 실거주의 경제적 가치를 분석해보자.

> **기본 조건**

- 양도가액 : 20억 원 / 취득가액 등 : 10억 원 / 양도차익 : 10억 원
- 보유 기간 : 10년(취득 당시 비조정지역 가정)

구분	Case A : 10년 보유 + 10년 거주	Case B : 10년 보유 + 거주 없음
양도가액	20억 원	20억 원
취득가액 등	10억 원	10억 원
전체 양도차익	10억 원	10억 원
비과세 제외 차익	4억 원	4억 원
장특공제율	80%	20%
장특공제액	△3.2억 원	△0.8억 원
과세표준	0.8억 원	3.2억 원
총 세액(지방세 포함)	약 1,478만 원	약 1억 1,227만 원
세 부담 차이	기준	약 7.6배

- 거주의 경제적 가치 : Case B의 경우, 비과세 대상임에도 불구하고 장
  특공제에서 불이익을 받아 양도소득 금액이 Case A보다 7.6배나 높
  게 산출된다. 이는 실거주 10년이 수억 원의 자산 가치를 보전해준다
  는 것을 의미한다.
- 무늬만 비과세 : 거주하지 않은 고가주택은 사실상 반쪽짜리 비과세
  에 불과하며, 실질 세 부담률은 다주택자 일반과세와 큰 차이가 없을
  정도로 높아질 수 있다.

3. 상황별 대응 전략

① 비과세 거주 요건이 없는 경우(비조정지역 취득)

비과세를 위해 억지로 거주할 필요는 없지만, 장특공제 혜택을 받기 위
한 **최소 2년 거주는 필수다.** 2년을 거주하는 순간 공제율은 **20%에서
최소 48%**(보유 40% + 거주 8%)**로 수직으로 상승**한다. 따라서 매도 전 반드
시 2년 실거주 기간을 채우는 전략이 요구된다.

② 비과세 거주 요건이 있는 경우(조정지역 취득)

2025년 10월 15일 서울 전역 재지정 이후 취득분처럼 거주가 필수인
경우, 비과세를 위해 어차피 2년을 살아야 한다. 하지만 고가주택자라
면 2년에 만족하지 말고 보유 기간과 거주 기간을 최대한 일치시켜야
한다. 실거주 기간 1년당 공제율이 4%씩 추가되므로, 절세 측면에서 실
거주는 가장 수익률 높은 투자나 다름없다.

● 고가주택 장특공제 적용 시 필수 체크리스트

구분	핵심 쟁점	상세 내용 및 주의사항
2년 거주 미충족의 낭패	공제율 급락 (48% → 20%)	대전제 : 고가주택 장특공제 특례(48%~80%) 적용을 위해서는 2년 거주가 필수
상생 임대주택의 활용	비과세와 장특공제의 기준	· 비과세 판정 시 : 2년 거주 요건이 면제됨. · 장특공제(표 2) 산정 시 : 2년 거주 요건 충족한 것으로 봐줌.

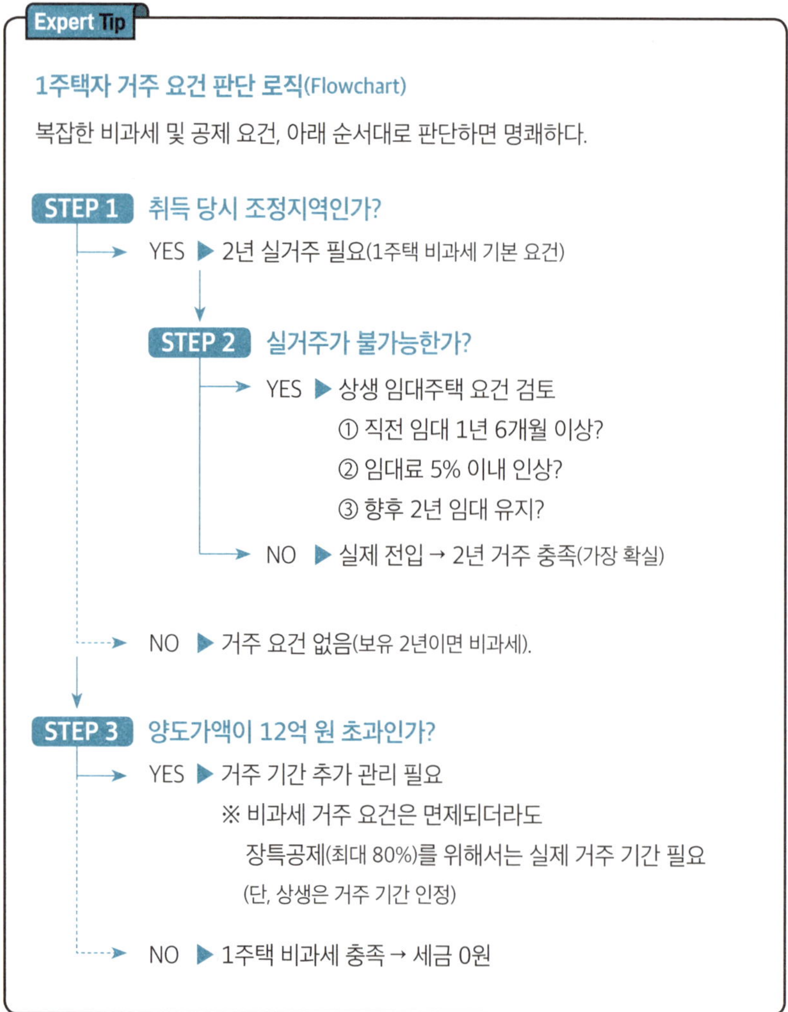

상생 임대를 하면
무엇이 좋아지나?

상생 임대주택이란 직전 임대차계약 대비 임대료를 5% 이내로 인상하며 계약을 체결(갱신 포함)한 임대주택을 말한다. 임대차시장의 안정을 위해 도입된 이 제도는 집주인에게 강력한 세제 혜택을 부여하며, 실거주가 어려운 투자자들에게 비과세의 길을 열어주고 있다.

1. 상생 임대의 파격적인 효과

상생 임대 요건을 충족하면 실무상 다음과 같은 3가지 거주의무에 대해 2년 거주를 한 것으로 보거나, 거주 의무를 면제하는 강력한 효과가 발생한다.

① 일반 비과세 거주 요건 충족 : 취득 당시 조정지역(2025.10.15. 서울 재지정 포함)에 소재해 2년 거주 의무가 붙은 주택이라도, 상생 임대 요건을 갖추면 실제로 거주하지 않아도 **비과세 적용이 가능**하다.
② 주임사 거주주택 비과세 거주 요건 충족 : 주택임대사업자가 본인의 거주주택을 비과세받기 위해 전국 어디서든 이행해야 하는 2년 실거주 의무를 상생 임대주택이 대신 충족해준다.

③ 장특공제 2년 거주 인정 : 1주택 고가주택자가 장특공제 특례(최대 80%)를 적용받기 위한 선결 조건인 2년 거주를 한 것으로 인정받아 공제율을 비약적으로 상향시킬 수 있다.

▶ 토허제와의 관계 : 다만, 토허제 내의 실거주 의무(공법)는 **상생 임대와 무관하다**. 구청의 허가 조건인 2년 실거주는 반드시 이행해야 하며, 상생 임대는 오직 세법상의 거주 요건만 면제해줄 뿐이다.

→ **종부세에서는 상생 임대가 적용되지 않는다**. 따라서 향후 1주택자의 장기보유 세액공제를 장기거주 세액공제로 바꿀 때도 이를 활용할 수 없을 것으로 보인다.

2. 상생 임대 시 반드시 주의할 사항

- 직전 임대차계약의 함정 : 반드시 주택 취득 후 **본인이 임대인으로서 체결하고 1년 6개월 이상 유지**한 직전 임대차계약이 존재해야 한다.
- 갭투자 상태는 불가 : 전세 세입자가 있는 주택을 매수(승계)한 경우, **승계받은 기존 계약은 직전 임대차계약으로 인정되지 않는다.** 즉, 매수 후 본인이 새로운 계약을 한 번 체결하고 1년 6개월이 지난 뒤에야 상생계약 체결이 가능하다.
- 임대료 5% 상한 준수 : 상생 임대차계약 전 임대료 기준 5% 이내에서 임대차계약을 맺어야 한다.
- 적용 기한과 연장 가능성 : 현재 상생 임대차계약 체결 기한은 **2026년 12월 31일까지로 규정되어 있다**. 정부의 임대차시장 안정 의지에 따라 연장 가능성도 열려 있으나 작금의 분위기로 봐서는 더 이상 연장되기는 힘들어 보인다. 따라서 현재로서는 기한 내 계약 체결과 계약금 수령이 필수다.

상생 임대주택 제도 요약

구분	주요 요건 및 내용
대상자	임대개시 시점 1세대 1주택자 여부 관계없음(가격 불문). 단, 양도 당시 1주택자(일시적 2주택 포함)에 해당해야 함.
임대료 인상 폭	직전 임대차계약 대비 5% 이내 준수
직전 임대차	주택 취득 후 임대인으로서 1년 6개월 이상 유지 필수
상생 임대차	2년 이상 임대 유지 필수(2026.12.31까지 계약 체결분)
핵심 혜택	거주 요건 2년 인정(비과세, 주임사 특례, 장특공제 특례(최대 80%) 적용)

상생 임대주택,
2년의 약속을 못 지키면 생기는 일

상생 임대차계약을 체결하고 계약금을 받았더라도, 실제 임대 기간 2년을 채우기 전에 주택을 매도하거나 계약이 해지되면 다음과 같은 치명적인 결과가 발생한다.

1. 의무 위반 시 치명적 리스크 : 비과세·장특공제 전면 박탈

- 거주 요건의 부활 : 상생 임대주택 특례의 핵심은 거주 요건(2년) 면제다. 2년을 못 채우면 이 혜택이 즉시 사라진다. 취득 당시 조정지역이었다면, 2년 실거주 없이는 비과세가 불가능해지며, 일반과세로 전환된다.
- 장특공제 급락(특례 → 기본공제) : 비과세가 배제되면 고가주택(12억 원 초과)일지라도 최대 80%(특례) 공제율을 적용받을 수 없다. 대신 최대 30%(기본공제)만 적용되어 세 부담이 급증한다.
- 가산세 폭탄 : 만약 비과세를 예상하고 예정신고를 마친 상태에서 사후 요건이 깨졌다면, 본세는 물론이고 **과소신고 가산세와 납부지연 가산세**까지 추징당하게 된다.

2. 임대 기간 계산의 예외(임차인 사정 및 공실)

원칙적으로 2년은 연속된 기간이어야 하지만, 부득이한 사유에는 기간 통산(합산)을 허용한다.

- 임차인이 중도 퇴거하는 경우 : 임차인의 사정으로 계약 기간을 못 채우고 나간 경우, 새로운 임차인과 종전 임대료와 같거나 낮은 금액으로 계약해서 **남은 기간을 채우면 이를 합산해 인정한다.**
- 1개월 이상의 공실이 발생한 경우 : 전 임차인 퇴거 후 다음 임차인이 들어오기까지의 1개월 이상의 공실 기간은 임대 기간에 산입하지 않는다(날짜로 임대 기간을 산정하는 것이 아니라, 월력으로 계산).

  즉, 공실이 1개월 넘어가면 **실제 임대한 기간만 더해서 2년이 넘어야 한다**(공실이 1개월 이상 지속되면 그 기간만큼 전체 임대 기간이 길어져야 함을 의미).

3. 매도 시점과 주택 수 판정(보완)

- 양도 당시 1주택 요건 : 상생 임대주택 특례는 거주 요건만 면제해줄 뿐, **양도 시점 1세대 1주택(일시적 2주택 포함)**이어야 비과세가 가능하다. 다주택 상태에서 매도하면 상생 요건을 갖췄더라도 혜택이 없다.
- 양도 시점 맞추기(잔금일 기준) : 상생 임대 혜택을 위한 2년 계산은 양도일(잔금 청산일 또는 등기접수일 중 빠른 날) 현재 완료되어 있어야 한다. 따라서 반드시 실제 임대 기간 2년이 지난 다음 날 이후에 매매 잔금을 치러야 안전하다.

상생 임대 의무기간(2년) 미충족 시의 리스크

구분	핵심 리스크 및 주의사항	상세 내용
혜택 박탈	비과세·장특공제 취소(세금 폭탄)	· 거주 요건 부활 : 2년 실거주 요건을 못 채우면 일반과세로 전환됨. · 공제율 급락 : 고가주택 장특공제가 특례 공제(48~80%)에서 기본공제(최대 30%)로 축소 · 가산세 : 비과세 신고 후 적발 시 과소신고+납부지연 가산세 추징
기간 산정	기간 합산과 공실 불산입	· 중도 퇴거 : 종전 임대료 이하로 재계약 시 기간 합산(통산) 가능 · 공실 : 1개월 이상의 공실 기간은 임대 기간에서 제외됨 (1개월 이내의 공실을 제외한 실제 임대 일수의 합이 2년 이상이어야 함).
매도 요건	1주택 상태 및 잔금일 준수	· 주택 수 : 양도일 현재 1세대 1주택(일시적 2주택 포함)이어야 함. · 시기 : 반드시 2년이 지난 다음 날 이후에 잔금(양도)을 치러야 함.

위장전입, 국세청은
어떻게 찾아내는가?

정부의 주택에 대한 정책 등이 **실거주로 급격히 이동**함에 따라, 실거주 요건을 맞추는 것이 중요하다. 이에 따라 **위장전입**이나 **위장이혼** 등의 가능성도 증가할 것으로 보인다. 그렇다면 세법은 어떤 식으로 이를 방지할까?

세법은 실질과세의 원칙을 최우선으로 한다. 단순히 주민등록지만 옮겨놓는 위장전입은 서류상으로는 완벽해 보일지 모르나, 국세청의 빅데이터 기반 분석 시스템 앞에서는 사각지대가 거의 없다.

1. 주요 위장전입 및 위장 사례의 유형

- 비과세 요건 맞추기 : 조정지역 내 1주택 비과세를 위해 실제 살지 않으면서 **전입신고만 하는 경우**
- 자녀 세대 분리 : 다주택 중과세를 피하고자 **미혼 자녀를 친척 집 등으로 위장전입**시켜 별도 세대로 위장하는 경우
- 위장 이혼 : 양도세 비과세 또는 종부세 합산배제를 목적으로 **서류상 이혼**을 하고 실제로는 한집에서 생계를 같이 하는 경우

2. 국세청의 위장전입 적발 루트

국세청은 납세자가 제출한 서류만 믿지 않는다. 다음과 같은 디지털 발자국을 추적해 실거주 여부를 가려낸다.

1) 금융 및 생활 밀착형 데이터 분석
- 신용카드 사용 패턴 : 거주지 인근 마트, 병원, 식당에서의 결제 내역을 분석한다. 주소지는 서울인데 매일 아침 지방에서 커피를 사고 저녁에 퇴근 동선이 일정하다면 100% 적발 대상이다.
- 교통카드 및 하이패스 : 대중교통 이용 기록과 고속도로 통행 이력은 출퇴근 동선을 명확히 증명한다.

2) 통신 및 공공 서비스 데이터
- 휴대폰 기지국 접속 정보 : 조사 대상자의 휴대폰이 밤 시간대에 주로 어느 기지국에 머무르는지 확인한다(강력한 실거주 증거).
- 전기·수도·가스 사용량 : 거주자가 없는데 공과금이 기본요금만 나오거나, 특정 시간대에만 집중되는 패턴을 분석한다.

3) 인적·사회적 관계망 조사
- 자녀의 등하교지 : 초·중등생 자녀가 실제 전입지의 학교가 아닌 부모의 실거주지 인근 학교에 다닌다면 세대 분리는 부인된다.
- 우편물 수령지 : 카드 고지서, 건강보험료 납부 안내서 등 중요한 우편물이 실제 어디서 수령되는지 확인한다.

4) 현장 조사 및 탐문
- 아파트 입주자 기록 카드 : 관리사무소에 비치된 차량등록 대장이나 입주자 명부를 대조한다.

- 탐문 : 주변 이웃이나 경비원에게 해당 가구에 실제 누가 사는지 확인
하는 고전적인 방법도 여전히 유효하다.

국세청이 거주 여부를 확인하는 5대 스모킹 건

항목	주요 확인 내용	적발 리스크
카드 결제지	주거지 인근 편의점, 식당, 주유소 이용 내역	타 지역에서 매일 결제 시 즉시 의심
공공요금	전기, 수도, 가스 사용량 및 관리비 명세서	평균치 미달 시 공가(空家)로 간주
하이패스/교통카드	출퇴근 동선 및 고속도로 통행 이력	거주지와 직장의 거리 모순 발견
택배/배달 앱	쿠팡, 배달의민족 등 주요 배송지 설정	상시 배송지가 주소지와 다를 시 적발
자녀 학적	초·중·고교 재학 증명 및 통학 거리	가족 전체의 실거주 여부 판정 기준

● 저자 주

서류는 거짓말을 해도 데이터는 거짓말을 하지 않는다. 특히 고가주택 양도세 비과세 조사 시 국세청은 최소 3~5년 치의 카드 내역과 공과금 사용량을 한꺼번에 불러온다는 점에 유의해야 한다.

▶ 대응책 : 부득이한 사유로 주소를 옮겼다면, 실제 거주했음을 증명할 수 있는 영수증, 택배 수령 기록, 주변인 확인서 등을 평소에 꼼꼼히 챙겨두는 습관이 필요하다.

증여 전에
알아야 할 세금

증여는 자신의 재산을 남에게 공짜로 주는 것을 말한다. 이러한 증여에는 크게 2가지가 있다. 하나는 채무 없이 주는 것(순수 증여)이고, 다른 하나는 채무와 같이 주는 것(부담부 증여)이 있다. 후자의 경우에는 채무는 유상 양도에 해당하므로 양도와 증여가 결합하는 모양새다. 이처럼 증여의 형태에 따라 세금도 달라진다.

1. 증여와 세금

증여하면 우선 증여세와 취득세가 발생한다.

① 증여세 : 증여자와 수증자의 관계에 따라 증여공제(6억 원, 5,000만 원, 2,000만 원, 1,000만 원)를 제외한 과세표준에 10~50%가 적용된다.
② 취득세 : 기본세율이 3.5%나 다음과 같은 조건에서는 **12%가 적용**된다(이외에도 채권 매입에 따른 할인료, 각종 수수료가 발생한다. 부담부 증여도 동일하다).

> - 증여자의 주택 수가 2주택 이상일 것(이때 가격 불문하고 모든 주택을 포함하며, 분양권,
>   입주권도 주택 수에 포함한다)
> - 증여주택이 조정지역에 소재할 것
> - 증여주택의 가격이 공시가격 기준 3억 원 이상일 것

따라서 취득세의 경우, 조건에 따라 세율 차이가 크기 때문에 이 부분에 매우 주의해야 한다. 특히 주택 수 조절에 실패하면 리스크가 커진다.

2. 부담부 증여와 세금

부담부 증여를 하면 다음과 같이 3가지의 세금이 발생한다.

① 양도세 : 채무에 대해서는 양도세가 발생한다. 양도세는 비과세부터 중과세까지 적용될 수 있으므로 이 부분에 대해 검증하는 것이 중요하다.

② 증여세 : 전체 가액에서 채무를 공제한 부분에 대해 앞에서 본 것과 같이 처리된다.

③ 취득세 : 채무에 대해서는 채무부담자의 주택 수에 따라 유상 승계 취득(1~12%), 증여자의 주택 수에 따라 무상 승계 취득(3.5~12%)으로 취득세가 부과된다.

→ 여기서 또 하나 주의할 것은 증여에 따라 발생하는 증여세와 취득세는 **모두 시가로 과세된다는 것**이다. 따라서 소액인 부동산이 시가가 없다면, 기준시가 신고도 가능하지만, 그 외는 **감정평가를 받아 진행**해야 하는 경우가 많다.

3. 기타 수수료

증여와 부담부 증여를 하다 보면 세금 외에도 각종 수수료가 발생한다. 예를 들어, 시가 과세를 위한 감정평가비용, 부동산 이전에 따른 채권 매입, 기타 신고수수료 등이 발생하므로 이 부분도 고려해야 한다.

Expert Tip

자녀에게 증여·부담부 증여 시 세무조사 핵심

1. 시가 검증

→ 신고가액이 시가보다 낮으면 증여세와 취득세 추징 대상

2. 채무 실재성 확인(부담부 증여)

→ 채무가 실제 존재하고, 이후 자녀가 직접 상환해야 인정

→ 부모가 계속 갚으면 전액 증여로 부인 위험

3. 세금 대납 여부 조사

→ 증여세·취득세를 부모가 대신 납부하면 그 금액만큼 추가 증여

4. 세금 부담 원칙

→ 증여세·취득세 : 자녀 부담

→ 부담부 증여의 양도세 : 부모 부담

> **● 저자 주**
>
> 증여나 부담부 증여, 가족 간 매매 등을 시도하기에 앞서 시가를 정확히 따져봐야 한다. 이를 그르치면 세 부담이 커진다.

순수 증여 시
세금은 얼마나 될까?

그렇다면 사례를 통해 세금이 얼마나 나오는지 알아보자.

1. 증여 대상 주택이 조정지역에 소재한 경우

자료

- 증여 대상 아파트 : 시가 10억 원, 기준시가 7억 원
- 증여 대상 아파트 용도 : 임대용이며, 월세 100만 원 임대보증금 2억 원임.
- 증여 대상 아파트 소재 지역 : 조정지역
- 증여자(1세대) : 2주택
- 수증자(자녀) : 1주택

Q1 증여세는 얼마인가?

순수 증여는 부채가 이전되지 않는다. 이를 기준으로 증여세를 계산하면 다음과 같다.

구분	금액	설명
① 증여재산가액	1,000,000,000원	시가 기준
② 증여재산공제	△50,000,000원	성년 자녀 공제
③ 과세표준(① - ②)	950,000,000원	
적용세율	30%	5억 원 초과 ~ 10억 원 이하
누진공제	△60,000,000원	세율 구간 공제
④ 산출세액	225,000,000원	950,000,000원 × 30% - 60,000,000원
신고세액공제	△6,750,000원	산출세액의 3%
⑤ 납부 예상 증여세	218,250,000원	

Q2 취득세는 얼마인가?

항목	금액	계산 근거
취득세	120,000,000원	10억 원 × 12%
지방교육세	4,000,000원	10억 원 × 0.4%
농어촌특별세	10,000,000원	10억 원 × 1%(전용 85㎡ 초과 가정)
합계	134,000,000원	(전용 85㎡ 이하 시 농특세 변동 가능)

2. 증여 대상 주택이 비조정지역에 소재한 경우

증여세는 동일하며, 취득세는 세율이 바뀐다.

항목	금액	계산 근거
취득세	35,000,000원	10억 원 × 3.5%
지방교육세	3,000,000원	10익 원 × 0.3%
농어촌특별세	2,000,000원	10억 원 × 0.2%
합계	40,000,000원	

3. 조정지역과 비조정지역의 세 부담 차이

구분	조정지역	비조정지역
증여세	218,250,000원	218,250,000원
취득세	134,000,000원	40,000,000원
계	352,250,000원	258,250,000원

부담부 증여 시
세금은 얼마나 될까?

앞의 사례를 기준으로 부담부 증여를 하면 세금이 얼마나 나오는지 알아보자. 단, 조정지역만 살펴보자.

- 증여 대상 아파트 : 시가 10억 원, 기준시가 7억 원
- 증여 대상 아파트 용도 : 임대용이며, 월세 100만 원 임대보증금 2억 원임.
- 증여 대상 아파트 소재 지역 : 조정지역
- 증여자(1세대) : 2주택
- 수증자(자녀) : 1주택

1. 증여세 계산

증여세는 증여재산가액에서 채무(보증금 2억 원)를 차감한 금액을 기준으로 계산한다.

구분	금액	설명
① 증여재산가액	800,000,000원	시가(10억 원) – 보증금(2억 원)
② 증여재산공제	△50,000,000원	성년 자녀 공제
③ 과세표준(①-②)	750,000,000원	
적용세율	30%	5억 원 초과 ~ 10억 원 이하
누진공제	△60,000,000원	
④ 산출세액	165,000,000원	750,000,000원×30%– 60,000,000원
신고세액공제	△4,950,000원	산출세액의 3%
⑤ 납부 예상 증여세	160,050,000원	기존 대비 약 5,820만 원 감소

2. 양도세 계산(조정지역 기준)

- 전제 조건 : 취득가액 7억 원(가정), 보유 기간 2년 이상, 조정지역 다주택 중과 적용
- 안분 계산 : 양도가액 및 취득가액은 전체 가액 중 보증금(2억 원)이 차지하는 비율(20%)로 계산

구분	금액	계산 근거 및 설명
① 양도가액	200,000,000원	자녀가 인수한 임대보증금액
② 취득가액	140,000,000원	취득 당시 7억 원 × (보증금 2억 원 / 증여 당시 10억 원)
③ 양도차익	60,000,000원	① – ②(필요경비 일단 제외)
④ 장특공제	0원	조정지역 다주택 중과 시 공제 배제
⑤ 양도소득 금액	60,000,000원	③ – ④
⑥ 기본공제	△2,500,000원	연간 1회 적용
⑦ 과세표준	57,500,000원	⑤ – ⑥
⑧ 적용 세율	44%	기본세율(24%) + 중과세율(20%P)
⑨ 누진공제	△5,760,000원	해당 구간 공제액

구분	금액	계산 근거 및 설명
⑩ 산출세액	19,540,000원	(⑦ × 44%) − ⑨
⑪ 지방소득세	1,954,000원	산출세액의 10%
⑫ 총 납부세액	21,494,000원	⑩ + ⑪

3. 취득세 계산(조정지역 기준)

부담부 증여 시 취득세는 채무 부분(유상취득)과 증여 부분(무상 취득)으로 나눠서 계산한다.

구분	과세표준	세율	취득세액(지방교육세 등 포함)
유상취득분	2억 원(보증금)	1~3%	약 2,200,000원(1.1% 적용 시)
무상 증여분	8억 원(시가-보증금)	13.4%	107,200,000원(중과세율)
합계	10억 원	−	약 109,400,000원

▶ 일반 증여 시 취득세가 1억 3,400만 원이었던 것에 비해, 부담부 증여를 하면 유상취득 구간이 생겨 약 2,400만 원 정도 취득세가 절감된다.

4. 종합 요약(조정지역 기준)

구분	일반 증여	부담부 증여(보증금 2억 원)	차이
증여세	218,250,000원	160,050,000원	△58,200,000원
양도세(증여자)	0원	약 21,500,000원(추정)	+21,500,000원
취득세	134,000,000원	약 109,400,000원	△32,600,000원
합계	352,250,000원	291,000,000원	약 6,120만 원 절세

▶ 결론 : 이 사례의 경우 **부담부 증여가 전체 세 부담 측면에서 약 6,120만 원 이상 유리하다.** 다만, 증여자의 실제 취득가액이 매우 낮다면 양도세 부담이 커져 실익이 줄어들 수 있으니 정확한 취득가액 확인이 필요하다.

핵심 점검 리스트

증여는 필요에 따라 언제든지 동원할 수 있는 수단에 해당한다. 하지만 이를 선택하는 순간 막대한 자금이 소요되므로 실행 전에 충분히 검토해야 한다.

1. 토허제 확인

- 증여 시 허가 여부 : 토허제 내 주택이라 하더라도 무상 증여는 허가 대상이 아니다.
- 부담부 증여 시 주의 : 하지만 보증금이나 대출을 승계하는 부담부 증여는 유상취득 부분이 포함되므로 **토지거래허가 대상**이 될 수 있다. 허가를 받지 못하면 계약 자체가 무효가 되므로 관할 구청에 반드시 사전 확인을 해야 한다.

2. 증여 방법의 선택

순수 증여할 것인지, 부담부 증여할 것인지를 검토한다. 부담부 증여의 경우, 토지거래허가 여부를 검토해야 한다.

구분	일반 증여	부담부 증여	비고
증여세(수증자)	×××	×××	
양도세(증여자)	×××	×××	
취득세(수증자)	×××	×××	
총 세 부담 합계	×××	×××	
사후 관리	10년 이내 양도 주의	10년 이내 양도 주의(증여분에 한함)	채무 사후 관리(국세청)

3. 이월과세(취득가액 이월과세)

- 적용 대상 : 배우자 또는 직계존비속(며느리나 사위 등은 제외)으로부터 증여받은 부동산을 10년 이내에 양도할 경우에 적용된다. 단, 수증자가 **1세대 1주택으로 비과세 요건을 충족한 경우에는 이 제도가 적용되지 않는다.**
- 리스크 : 수증자가 나중에 집을 팔 때 양도차익을 계산할 때, 증여받은 가액(10억 원)이 아닌 증여자(부모)의 당초 취득가액(7억 원)을 기준으로 세금을 매긴다. 즉, 증여를 통한 양도세 절세 효과가 사라지므로 **최소 10년 보유 계획**을 세워야 한다.

→ 며느리나 사위 등은 이월과세가 적용되지 않는다. 이 장의 절세 탐구에서 확인하자.

4. 상속세와의 관계(사전증여 재산 합산)

- 합산 기간 : 증여일로부터 상속개시일(사망일)까지 10년(상속인 외의 자는 5년) 이내의 증여 재산은 추후 **상속세 계산 시 모두 합산된다**.
- 전략 : 증여 시점의 가액으로 고정되어 합산되므로, 부동산 가격 상승

이 예상된다면 **한시라도 빨리 증여하는 것이 유리**하다. 하지만 고령이거나 건강이 좋지 않은 경우라면 합산 후 상속세율이 더 높아질 리스크를 검토해야 한다.

5. 최종 의사 결정 프로세스

- 증여 대상 선정 : 공시가격 현실화율과 시가 반영률이 높은 아파트보다는, 향후 가치 상승 폭이 크고 시가 산정이 어려운 단독주택이나 빌딩 등이 유리할 수 있다.
- 수증자 분산 : 자녀 1인에게 주는 것보다 배우자 또는 손자녀(세대생략증여)에게 분산하면 증여세율 구간을 낮출 수 있다(며느리, 사위는 5년 합산 규정을 활용한 절세 가능).
- 효과 분석 : **단순히 증여세뿐만 아니라, 증여 후 발생할 종부세 절감액과 수증자의 자금 출처 확보, 기회비용 등을 함께 고려해야 한다.**

사위·며느리
증여 선택 가이드

사위와 며느리는 세법상 배우자와 직계존비속에 해당하지 않는 기타 친족이다. 이 지위는 증여세 공제 한도에서는 불리하게 작용하나, 양도세의 강력한 규제인 이월과세를 회피할 수 있는 결정적인 통로가 된다. 다음에서 이에 관한 내용을 알아보자.

1. 이월과세 리스크로부터의 자유

소득세법상 이월과세는 배우자와 직계존비속 간의 증여에만 엄격히 적용된다.

- 의사 결정 포인트 : 만약 증여 후 10년이라는 장기보유가 어렵거나, 가까운 시일 내에 자산을 현금화해야 하는 상황이라면 자녀보다 사위나 며느리가 유리하다. **며느리나 사위는 이월과세가 적용되지 않기 때문이다.**
- 실무적 이점 : 장인이 사위에게 증여한 주택을 10년 이내에 양도하더라도, 취득가액은 증여 당시의 시가로 인정받는다. 자녀 증여 시 발생하는 취득가액 소급 적용(이월과세)의 공포에서 벗어날 수 있다.

2. 상속세 대비 시 5년의 마법

상증법상 상속인이 아닌 사위와 며느리는 상속재산 가산 기간에서 혜택을 본다.

1) 의사 결정 포인트
증여자의 건강 상태나 연령을 고려할 때, 상속 발생 시점이 가깝다면 사위·며느리가 절대적으로 유리하다.

2) 비교 분석
- 자녀 증여 : 증여 후 10년 이내 사망 시 상속재산에 합산된다.
- 사위·며느리 증여 : **증여 후 5년만 경과하면 상속재산에서 완전히 제외**된다. 상속세 절감 효과를 2배 빠르게 확정 지을 수 있는 것이다.

3. 부당행위계산 부인 : 마지막 관문

이월과세를 피했다고 해서 안심하기에는 이르다. 세무 당국은 우회 양도를 감시한다.

- 의사 결정 포인트 : 양도대금의 실질적 귀속을 자녀 부부가 스스로 관리할 수 있는가?
- 판단 기준 : 사위나 며느리가 주택을 팔고 난 뒤 그 돈이 다시 시아버지나 장인의 계좌로 입금된다면, 이는 증여자가 직접 판 것으로 간주되어 양도세가 추징된다. 대금의 사용처가 **수증자 본인의 자산 형성**(대출 상환, 다른 자산 취득 등)**에 명확히 쓰여야** 이 의사 결정은 완성된다.

4. 사위·며느리 증여의 득실 비교 요약(의사 결정 가이드)

구분	사위·며느리 증여(기타 친족)	자녀 증여(직계존비속)
증여재산공제	1,000만 원(불리)	5,000만 원(유리)
이월과세(10년)	적용 제외(매우 유리)	적용(사후 관리 부담)
상속재산 합산	5년 경과 시 제외(유리)	10년 경과 시 제외
취득세 중과	수증자 주택 수에 따라 중과 가능	동일하게 적용 가능
결정적 추천 상황	증여 후 단기 양도 계획 시	장기보유 및 세대 전수 시

5. 결론 및 제언

사위와 며느리에게 지분을 쪼개어 증여하는 것은 단순히 과세표준을 분산해 증여세를 줄이는 하책(下策)이 아니다. 이는 이월과세라는 10년의 족쇄를 풀고, 상속재산 합산 기간을 5년으로 단축하는 상책(上策)의 길이다. 다만, 1,000만 원이라는 낮은 공제액과 추후 양도대금의 귀속 문제에 대한 증빙 준비가 완벽할 때, 비로소 이 의사 결정은 독이 아닌 약이 될 것이다.

12억 원 이하 주택의
양도세 비과세 요건

지금부터는 앞에서 살펴본 내용을 토대로 각 납세자가 처한 상황에 따라 가장 핵심적인 내용을 질문과 답변, 판단 기준, Tip 등의 형식으로 간략히 살펴보고자 한다.

Q 12억 원 이하의 주택을 양도하고자 하는데, 양도세 비과세 기준은 무엇인가?

A 1세대 1주택 비과세 혜택을 받기 위한 기본적인 요건은 다음과 같다 (구체적인 것은 다음 페이지의 Tip 참조).

1. 보유 요건 : 1세대가 1주택을 2년 이상 보유할 것
2. 거주 요건(핵심) :

    - 비조정지역 취득 시 : 거주 요건 없음(보유만 해도 비과세).
    - 조정지역 취득 시 : **반드시 2년 이상 거주 필수**
3. 가액 기준 : 양도가액 12억 원 이하(12억 원 초과분은 고가주택으로 과세)
4. 판단 기준일 : 거주 요건 유무는 양도 시점이 아닌 취득 당시의 조정지역 여부에 따라 결정됨. 기타는 양도 시점을 기준으로 결정됨.

1세대 1주택 비과세 체크리스트

구분	체크 항목	핵심 질문 및 요건(Yes/No)	비고 및 주의사항
1. 세대 요건	세대 구성	양도일 현재 거주자와 배우자가 동일 주소에서 생계를 같이합니까?	배우자가 없더라도 ① 만30세 이상 ② 배우자 사망·이혼 ③ 중위소득 40% 이상이면 1세대로 인정
2. 주택 수	보유 주택	양도일 현재 국내에 사실상 1주택만 보유하고 있습니까?	분양권·입주권·주거용 오피스텔이 주택 수에 포함되는지 반드시 확인
3. 보유 기간	기본 요건	해당 주택을 취득한 날로부터 양도일까지 2년 이상 보유했습니까?	취득일(잔금 청산일과 등기접수일 중 빠른 날) 기준
4. 거주 기간	조정지역	취득 당시 조정지역에 있는 주택이었습니까? (맞다면 2년 이상 거주 필수)	2017. 8. 3. 이후 조정지역 지정 후 취득한 주택에 한함.
5. 가격 요건	고가주택	주택의 실지거래가액이 12억 원 이하입니까?	12억 원 초과 시 초과분에 대해서는 양도세 과세
6. 특례 사항	일시적 2주택	이사 등을 위해 신규 주택을 취득한 경우입니까?	신규 주택 취득 후 3년 이내에 종전 주택을 양도해야 비과세
	상생 임대주택	직전 계약 대비 임대료를 5% 이내로 인상하고 2년 이상 유지했습니까?	요건 충족 시 조정지역 2년 실거주 요건 면제

1세대 1주택 판정 오류와
주의사항

Q 평생 이 집 1채만 가지고 살았는데, 세무서에서 비과세가 안 될 수도 있다는 안내를 받았다. 알고 보니 10년 전 **상속받은 시골의 낡은 흙집이 문제였다.** 등기도 없고 건축물대장에도 없으며, 사실상 무너져가는 폐가인데, 이런 것도 주택으로 보나?

A 결론부터 말하면, '폐가처럼 보인다'라는 사정만으로는 자동 제외되지는 않는다. 세법은 주택 여부를 형식이 아니라 **실제 상태와 사용 현황으로 판단**하되, 그 판단을 위해서는 객관적 증빙이 필요하다. 상속받은 흙집이 사실상 주거로 사용할 수 없는 상태라면 주택으로 보지 않을 여지도 있지만, 반대로 세무서가 주택으로 볼 만한 흔적이 남아 있으면 주택으로 판단될 수 있다.

Q 등록한 임대주택과 미등록한 임대주택, 그리고 매매용 주택이 있다. 이 주택들도 비과세 판단 시 주택 수에서 제외되는가?

A 요건을 갖춰 등록한 임대주택과 매매용 주택은 비과세 판단 시 주택 수에서 제외된다. 하지만 미등록한 임대주택은 주택 수에 포함한다. 참고로 주택 수 판단은 취득세와 양도세 중과세에서도 매우 중요하게 작용한다.

1세대 1주택 판정 시 주요 오류 체크리스트

구분	주요 내용	실무 체크포인트(이렇게 확인)
실질 사용	상가 내 주거용 원룸, 주거용 오피스텔	전입신고 여부 + 주방·욕실·난방 등 주거시설 사진 확보
물리적 상태	지붕 붕괴 폐가, 무허가 흙집	거주 불가 상태임을 입증할 사진·감정의견서 준비
사업용 주택	가정어린이집, 기숙사, 장기임대주택	의무 사용·임대 기간 충족 여부와 말소 시점 확인
공부상 오류	멸실되었으나 멸실신고 미이행	양도일 현재 실체 부존재를 입증할 철거 사진·공과금 내역 제출
정책적 제외	인구감소지역 주택, 지방 저가 상속주택	양도일 기준 최신 특례지역·가액 요건을 표로 대조

조정지역 거주 요건
원칙과 예외

Q 부산에서 주택을 취득했다. 현재는 조정지역이 아니지만, 취득 당시에는 조정지역이었다. 이 주택에서 거주하지 않고 양도할 경우 비과세가 적용될까?

A 비과세를 받을 수 없다.

1세대 1주택 비과세를 위한 거주 요건 유무는 양도 시점이 아닌 **취득 당시 해당 지역의 조정지역 여부**에 따라 결정되기 때문이다. 부산 주택 취득 시 해당 지역이 조정지역이었다면, 설령 양도 시점에 해제되었더라도 반드시 2년 이상 실제 거주해야 12억 원 이하 비과세 혜택을 받을 수 있다.

Q 조정지역으로 묶이기 전에 계약한 때도 거주 요건을 갖춰야 하는가?

A 계약 당시 세대 전원이 무주택자인 경우만 이의 요건을 면제한다. 물론 계약금을 지급한 사실이 확인되어야 한다.

Q 1주택자가 근무상 형편 때문에 조정지역에서 1년 정도 산 경우에도 2년 이상 거주해야 하나?

A 아니다.

부득이한 사유로 보아 2년 거주하지 않아도 되는 특례가 주어진다.

비과세 거주 요건과 관련해 점검해야 할 것들

[불변의 기준] 취득일 기준 : 조정지역 공고일 이후에 취득했다면 거주 요건은 꼬리표처럼 따라다닌다. 양도할 때 비조정지역이라 해서 거주 요건이 면제되는 일은 절대 없다.

[예외] 무주택자의 계약 : 만약 조정지역 공고 전 매매계약을 체결하고 계약금을 지급했다면, 당시 세대 전원이 무주택자일 때에만 거주 요건 없이 2년 보유만으로 비과세가 가능하다(계약금 입금 증빙 필수).

보유 및 거주 기간 주요 판정 기준(2026년 기준)

구분	주요 내용 및 판정 기준	예외 및 특이사항
기본 보유 기간	취득일부터 양도일까지 2년 이상	멸실 후 재건축 시 기간 합산 확인
거주 요건	취득 당시 조정지역 시 2년 거주	비규제지역 취득 시 거주 의무 없음.
부득이한 사유	근무상 형편, 질병, 취학 등 (1년 거주 시)	증빙 서류(재직 증명서, 진단서 등) 필수
개별 특례규정	수용, 협의 매수, 임대주택 분양전환 등	보유 및 거주 기간 제한 없이 비과세 가능

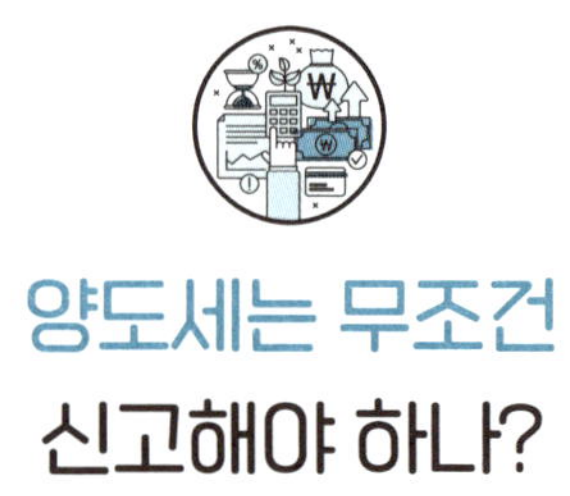

양도세는 무조건
신고해야 하나?

Q 양도세 비과세 대상인데도 반드시 신고해야 하나? 신고하는 것과 안 하는 것의 차이는 무엇이며, 반드시 세무대리인에게 맡겨야 하나? 홈택스로 직접 해도 되는지 궁금하다.

A 원칙적으로 1세대 1주택 비과세 요건을 완벽히 갖췄다면 신고 의무는 없다. 세금이 0원이므로 신고하지 않더라도 가산세 등 불이익이 발생하지 않기 때문이다.

하지만 다음과 같은 이유로 가급적 신고를 권장하며, 본인이 직접 홈택스를 이용해 충분히 신고할 수 있다.

- 신고와 무신고의 차이 : 신고를 해두면 국세청으로부터 비과세로 종결됨을 공식적으로 확인받는 효과가 있어 추후 자금 출처 조사나 세무조사 리스크를 줄일 수 있다.
- 대리인 선임 여부 : 비과세처럼 단순한 건은 세무사에게 맡기지 않아도 된다. 증빙 서류(매매계약서 등)만 있다면 **본인이 직접 처리할 수 있다.**
- 홈택스 활용 : 국세청 홈택스의 모의계산 및 간편 신고 서비스를 이용하면 초보자도 단계별로 입력해 쉽게 신고를 마칠 수 있다.

셀프 양도세 신고 vs 대리인 양도세 신고

[필수 신고 대상] 고가주택은 예외 : 양도가액이 12억 원을 초과하는 주택은 비과세 요건을 갖췄더라도 초과분에 대해 세금을 내야 하므로 반드시 신고해야 한다. 이를 누락하면 무신고 가산세가 부과된다.

[직접 신고 요령] 취득가액 증빙 : 홈택스 신고 시 가장 중요한 것은 취득 당시의 매매계약서와 자본적 지출(새시, 확장공사비 등) 영수증이다. 이를 미리 PDF로 스캔해 두면 10분 만에 신고가 끝난다.

[지방세 주의] 양도세가 끝이 아니다 : 홈택스에서 국세인 양도세 신고를 마치면, 반드시 연동된 위택스(Wetax)를 통해 **지방소득세(양도세의 10%) 신고까지 마쳐야 만** 진정으로 마무리된다(비과세라면 둘 다 0원이다).

보유하면
재산세만 내면 되는가?

Q 시가 12억 원 이하의 주택을 보유하고 있다. 매년 무슨 세금이 얼마나 나올까? 종부세도 내야 하나?

A 결론부터 말하면, 1세대 1주택자로서 시가 12억 원 정도의 주택을 보유하고 있다면 종부세(종부세)는 나오지 않는다. 세금의 기준이 되는 공시가격(기준시가)이 시가보다 낮기 때문이다.

- 공시가격의 특성 : 보통 공시가격은 시세의 70~80% 수준에서 결정된다. **시가가 12억 원이라면 공시가격은 대략 8~9억 원대로 형성**될 가능성이 크다.
- 종부세 면제 : 1세대 1주택자의 종부세 기본공제액은 공시가격 기준 12억 원이다. 따라서 공시가격이 12억 원에 미치지 못하는 시가 12억 원 주택은 종부세 과세 대상에서 제외된다.

1주택자 재산세와 이의 신청

[고지서 확인] 재산세 도시지역분 : 재산세 고지서를 보면 재산세 외에 도시지역분, 지방교육세 등이 함께 붙어 나온다. 이는 재산세에 부수되는 세금이므로 합산된 총액을 보유세 부담액으로 보면 된다.

[절세 전략] 이의 신청 활용 : 만약 주변 시세 하락에도 불구하고 공시가격이 너무 높게 책정되었다고 생각되면, 매년 4월경 발표되는 공시가격에 대해 이의 신청을 통해 세 부담을 낮추는 시도를 해볼 수 있다.

12억 원 이하 주택,
증여와 양도가 유리할까?

Q 12억 원 이하의 주택을 배우자나 자녀에게 증여할 실익이 있을까? 증여세와 취득세만 낭비하는 것은 아닌지 걱정된다. 차라리 재산 분산 차원에서 배우자나 자녀에게 양도하면 어떨까? 무슨 문제가 있을까?

A 시가 12억 원 이하 주택은 양도세 비과세라는 강력한 무기가 있으므로, **증여보다는 매매**(양도) **형식을 활용하는 것**이 세금 측면에서 훨씬 유리할 수 있다.

- 증여의 실익 : 현재는 보유세(재산세·종부세) 부담이 낮아 증여 실익이 적어 보일 수 있다. 하지만 미래 가치 상승이 기대된다면, 상속재산 가액을 현재 시점(12억 원)으로 고정하기 위해 증여를 선택할 수 있다.
- 가족 간 양도의 장점 : 아버지가 1세대 1주택 비과세 요건을 갖췄다면 양도세는 0원이다. 자녀는 증여세보다 저렴한 유상취득 세율(1~3%)로 집을 가져올 수 있어 취득세 절감 효과가 크다.

▶ 주의사항 : 가족 간 거래는 세무서에서 **기본적으로 증여로 추정**한다. 따라서 자녀가 실제로 매매대금을 지급할 능력이 있는지, 그 자금의 출처가 명확한지가 핵심이다.

1주택자 증여 대 매도 시 의사 결정 시 주의할 사항들

[취득세의 마법] 증여 12% vs 매매 1% : 다주택자인 부모가 조정지역 주택을 증여하면 취득세가 12.4%에 달하지만, 자녀가 독립세대 무주택자로서 매수하면 1.1%만 낸다. 12억 원 주택 기준, 취득세만 약 1억 1,000만 원 차이가 난다(85㎡ 이하 주택의 경우).

[저가 양도의 유혹] 시가의 5% 룰 : 자녀에게 싸게 팔고 싶더라도 시가의 5% 또는 3억 원 중 적은 금액 이상 차이가 나면 부당행위계산부인 규정이 적용되어 세무상 불이익을 받을 수 있다(상증법상으로는 시가의 30% 또는 3억 원 기준). 다음 페이지에서 별도로 살펴본다.

[상속세 장기 전략] 10년의 법칙 : 상속세가 걱정된다면 배우자 증여 공제(6억 원)를 활용해 미리 명의를 분산해두자. 사망 전 10년(상속인 외 5년) 이내 증여분은 상속재산에 합산되므로, 건강할 때 미리 움직이는 것이 상속세 다이어트의 핵심이다.

비과세 주택을 저가로 양도하면 어떤 문제가 있을까?

Q 시가가 10억 원인 1주택을 자녀에게 7억 원에 양도하려고 한다. 3억 원이나 저렴하게 파는 것인데, 세무상 문제가 없을까? 이 주택은 1세대 1주택으로 비과세 요건을 충족한다.

A 가족 간에 시가보다 낮은 가격으로 거래하는 저가 양도는 2가지 법적 기준(취득세와 양도세, 증여세)을 모두 통과해야 한다.

결론부터 살펴보면, 시가 10억 원짜리를 7억 원에 팔 때 양도세는 문제가 없으나 자녀에게 증여세가 부과될 수 있다.

- 양도세(부당행위계산 부인) : 시가의 5% 또는 3억 원 이상 차이가 나면 시가(10억 원)를 기준으로 양도세를 계산한다. 다만, 사례처럼 아버지가 1주택 비과세 요건을 갖춘 경우라면 시가를 10억 원으로 보더라도 **양도세는 0원이므로, 아버지에게는 불이익이 없다.**

- 증여세(증여이익의 증여) : 자녀(수증자) 처지에서는 시가와 대가의 차액이 시가의 30% 또는 3억 원 중 적은 금액을 초과하면 그 초과분에 대해 증여세를 내야 한다. 이 사례는 3억 원 차이가 나므로 아슬아슬하게 **증여세 과세 대상을 피할 수 있는 경계선에 있다.**

Q 취득세에서는 어떤 문제가 있는가?

A 저가 양도 시 **3억 원 이상 또는 30% 이상** 차이가 나면, 유상 매매로 인정하지 않고 시가 전체를 증여로 본다(최근 개정세법). 따라서 사례의 경우 **10억 원에 대해 증여 취득세가 부과**된다(주의!).

→ 이러한 문제를 예방하기 위해서는 3억 원 미만 또는 30% 미만 가액으로 매도되어야 한다.

Expert Tip

가족 간 저가 양도 시 점검해야 할 것들

[증여세 면제 한도] 3억 원의 법칙 : 상증법상 시가와 거래가액의 차이가 3억 원 미만이면서 동시에 시가의 30% 미만이라면 자녀에게 증여세가 부과되지 않는다(이 사례는 딱 3억 원 차이이므로 가급적 7억 1,000만 원 정도로 거래하는 것이 안전하다).

[취득세 기준] 싸게 사도 취득세는 시가로? : 2023년부터 증여 취득세는 시가인 정액 기준이지만, 가족 간 유상 양도의 경우 실제 거래가액을 인정받으려면 이의 5%(3억 원)를 벗어나지 않아야 한다. 부당행위계산에 해당하지 않는 한 거래가액을 인정받을 수 있다(단, 시가와의 차이가 크면 시가로 결정될 수 있음). 한편 저가 양도 시 차익 3억 원 이상 또는 시가의 30% 이상 차이가 나면 전체 금액을 증여가액으로 보아 취득세를 부과하므로 주의해야 한다.

● **저가 양도 시 취득세 vs 증여세 과세구조 비교**

구분	취득세(부당행위계산)	취득세(무상취득 간주)	증여세(증여의제)
핵심 내용	과세표준을 시가로 올림	세율을 증여세율로 올림	이익에 대해 증여세 부과
근거 법령	지방세법 제10조의3	지방세법 제7조 제11항	상증법 제35조
판단 기준	시가-거래가 차액 ≥ 3억 원 또는 5%	**시가-거래가 차액 ≥ 3억 원 또는 30%**	시가-거래가 차액 ≥ 3억 원 또는 30%

구분	취득세(부당행위계산)	취득세(무상취득 간주)	증여세(증여의제)
과세 대상액	시가인정액(전체)	시가인정액(전체)	시가 – 거래가 – MIN (시가 30%, 3억 원)
적용 세율	유상취득 세율 (1~3% 등)	**무상(증여)취득 세율 (3.5~12%)**	증여세율(10~50%)

[자금 출처 소명] 7억 원은 어디서 났니? : 7억 원에 대한 **자녀의 자금 출처는 완벽해야 한다.** 자녀의 예금, 소득 증빙, 대출 등을 통해 실제 대금이 아버지 계좌로 입금되어야 하며, 아버지는 그 돈을 다시 자녀에게 돌려주어서는 안 된다.

[사후 관리] 차용증의 함정 : 거래 대금 중 일부를 차용증으로 대체하는 경우, 향후 자녀가 실제로 원금과 이자를 상환하는지 국세청이 끝까지 추적한다. 형식적인 차용증은 오히려 독이 될 수 있다.

1주택자가 비규제지역으로 이사 갈 때 주의사항

Q 새로운 주택을 사서 이사 가려고 한다. 각종 규제가 복잡해서 혼란스러운데, 새로 사는 주택이 비규제지역(비조정지역)에 있다면 어떤 점을 주의해야 할까?

A 비규제지역으로 이사 갈 때는 과거보다 요건이 많이 완화되었다. 핵심은 기존 주택을 언제 파느냐이다. 다음의 **1-2-3 법칙만 기억**하면 안전하게 비과세를 받을 수 있다.

1. 종전 주택 보유 기간 : 기존 주택을 산 지 1년 이상 지난 후 새 주택을 사야 한다.

2. 기존 주택 비과세 요건 : 파는 주택 (기존 주택)이 2년 이상 보유 (취득 당시 조정지역이었다면 2년 거주 포함) 요건을 갖춘 상태여야 한다.

3. 기존 주택 처분 기한 : 새 주택을 산 날로부터 3년 이내에 기존 주택을 팔아야 비과세가 적용된다(신규 주택이 비규제지역이므로 3년의 넉넉한 시간이 주어진다).

Q 비규제지역은 2025년 10·15 대책에 따른 대출 규제를 받지 않는 것이 원칙이다. 그렇다면 수도권의 비규제지역에서 담보대출을 받으면 전입 의무 등이 없는가?

A 그렇지 않다. 정부는 가계부채 관리를 위해 2025년 6월 27일부터 수도권 전 지역(비규제지역 포함)에 대해 대출 한도 축소 및 전입 의무 부과 등의 규제를 앞당겨 시행했다. 따라서 수도권 비규제지역은 여전히 강력한 대출 규제와 실거주 전입 의무가 적용된다는 점에 주의해야 한다. 자세한 것은 대출 신청 전 반드시 해당 은행에 문의하기 바란다.

> **Expert Tip**
>
> ### 비규제지역 내 주택으로 갈아타는 경우
>
> [거주 의무 없음] 전입을 하지 않아도 되나? : 신규 주택이 비규제지역이라면, 새 주택으로 반드시 이사하거나 전입신고를 할 의무는 없다(단, 수도권 비규제지역에서 담보대출을 받은 경우에는 6개월 이내 전입의무가 있다).
>
> [처분 기한의 통일] 조정지역이라도 3년 : 과거에는 조정에서 조정으로 이사 갈 때 처분 기한이 1년, 2년으로 짧았으나, 현재는 지역에 상관없이 처분 기한이 3년으로 통일되었다. 훨씬 여유롭게 갈아타기가 가능해졌다.
>
> [순서 주의] 먼저 산 집부터 : 반드시 먼저 샀던 주택을 먼저 팔아야 일시적 2주택 비과세가 적용된다. 실수로 새 주택을 먼저 팔면 비과세 혜택 없이 양도세가 부과되니 주의하자.
>
> [분양권·입주권의 함정] 주택 수 합산 : 새로 취득하는 것이 아파트 분양권이나 재개발 입주권이라면 **주택 수에 포함**되므로, 이때는 일반적인 일시적 2주택 규정이 아닌 분양권·입주권 특례규정(보통 완공 후 3년 이내 처분 등)을 별도로 체크해야 한다.

1주택자가 규제지역으로 이사 갈 때
주의사항

Q 새로운 주택을 사서 이사 가려고 한다. 그런데 새로 사는 주택이 규제지역(조정지역 또는 투기과열지구)에 포함되어 있다. 비규제지역으로 갈 때와 무엇이 다른가?

A 규제지역 내 주택을 취득해 일시적 2주택자가 되는 경우, 비규제지역(수도권 비규제 지역은 제외)보다 훨씬 까다로운 대출 규제와 전입 의무가 뒤따른다. 2026년 현재 강화된 기준을 바탕으로 주의할 점을 정리한다.

- 처분 기한 : 지역과 관계없이 신규 주택 취득일로부터 3년 이내에 기존 주택을 팔면 양도세 비과세가 가능하다(이 부분은 비규제지역과 동일하다).
- 대출 시 전입 의무 : 만약 규제지역 내 주택을 사면서 주택담보대출을 받는다면, 대출 실행일로부터 **6개월(또는 임대차계약 종료일로부터 1개월) 이내에 해당 주택으로 전입**해야 하는 의무가 발생할 수 있다(금융권 약정사항 확인 필수).
- 취득세 중과 : 기존 1주택자가 규제지역 내 주택을 추가로 취득하면 일시적 2주택 일반세율로 취득세를 내도 되나, **3년 이내에 미처분 시 중과세율**(8% 등)이 적용될 수 있다.

규제지역 내 주택으로 갈아타는 경우

[대출의 벽] 유주택자 대출 제한 : 2026년 현재 규제지역 내에서는 유주택자의 신규 주택담보대출 LTV가 50%로 제한되거나 매우 엄격하다. 사실상 기존 주택 처분 조건부가 아니면 대출 자체가 불가능할 수 있으므로 잔금 계획을 보수적으로 세워야 한다.

[전입의 함정] 살지는 않고 팔기만 하면? : 세법상 양도세 비과세를 위해서는 반드시 새집에 살아야 하는 것은 아니다. 하지만 은행 대출을 받았다면 세법과 별개로 6개월(또는 임대차계약 종료일로부터 1개월) 내 전입 약정을 어길 시 대출금 회수 및 향후 대출 제한 등의 금융권 페널티가 따른다.

[토허제] 실거주 2년 필수 : 만약 취득하는 규제지역이 토지거래허가구역(서울 전역 등)이라면, 대출 여부와 상관없이 구청 허가를 받아야 하며 2년간 실제 거주해야 하는 의무가 강제된다. 이 경우, **갭투자는 원천적으로 불가능**하다.

[양도세 중과 부활 주의] 5월 9일 이후 : 현재 다주택자 양도세 중과 유예가 시행 중이나, 2026년 5월 9일 이후 종료될 가능성이 언급되고 있다. 일시적 2주택 처분 기한(3년)을 놓쳐 다주택자로 분류되는 순간, 규제지역 내 주택은 엄청난 중과세율(기본세율+20~30%P)을 맞을 수 있으니 날짜 계산을 철저히 해야 한다.

> ● 저자 주
>
> 이른바 상급지로의 갈아타기에 대해서도 세제가 변동할 수 있다. 이에 관해서도 관심을 둬야 할 것으로 보인다.

1주택 보유 중 상속이나 합가 등을 할 때의 주의사항

Q 1주택을 보유한 상태에서 상속을 받거나, 부모님을 모시기 위한 동거봉양 또는 혼인으로 인해 2주택이 되는 경우, 양도소득세 비과세 요건은 어떻게 달라지나? 또한 보유세나 취득세 측면에서도 변화가 있는지 궁금하다.

A 이처럼 불가피하게 주택 수가 증가하는 경우, 세법은 이를 부득이한 사유로 보아 일정 기간 동안 각각을 1주택자로 간주하는 특례를 두고 있다.

1. 양도세(1주택 간주 특례) :

 - 상속 : **기존에 보유하던 주택(일반주택)을 먼저 팔 때**, 상속주택은 주택 수에서 제외되어 비과세를 받을 수 있다(상속주택을 먼저 팔면 과세).
 - 동거봉양 합가 : **60세 이상의 부모님**을 모시기 위해 합가한 날부터 10년 이내에 먼저 파는 주택은 비과세된다.
 - 혼인 합가 : 혼인한 날부터 10년 이내에 먼저 파는 주택은 비과세된다.

2. 보유세(종부세) : 종부세는 개인별로 과세되므로 혼인이나 동거봉양 합가로 주택 수가 늘어나더라도 별다른 문제는 없다. 다음의 표를 참조하기 바란다.

3. 취득세 : 상속으로 취득할 때는 일반 취득세율보다 낮은 상속 취득세율(2.8%, 1가구 1주택 상속 시 0.8%)이 적용된다.

1주택+상속·혼인·동거봉양과 세금 매커니즘

[상속의 순서] 어떤 집을 먼저 파느냐가 관건 : 상속주택 특례는 기존에 있던 집을 팔 때만 적용된다. 상속받은 집을 먼저 팔면 2주택자로 보아 세금이 나오니 순서를 절대 잊지 말자(단, 상속인이 상속 당시 이미 다주택자였다면 가장 유리한 1채만 특례 대상이 된다).

[동거봉양] 부모님 나이 확인 : 부모님 중 한 분만 60세 이상이면 가능하며, 합가 당시 이미 두 집 다 1주택 요건을 갖추고 있어야 한다. 10년이라는 긴 시간을 주지만, 그사이에 또 다른 집을 사면 특례가 복잡해지니 주의해야 한다.

[혼인] 신고일 기준 10년 : 혼인신고일로부터 10년 이내에만 팔면 된다. 가끔 결혼식 날짜로 착각하시는 분들이 있는데, 세법은 오로지 **가족관계등록부상 신고일**을 기준으로 한다.

[보유세 특례 신청] 가만히 있으면 안 된다 : 종부세 1주택자 간주 특례는 자동으로 적용되지 않는 경우가 많다. 9월 종부세 합산배제 및 특례 신청 기간에 직접 신청해야 세금을 아낄 수 있다.

[취득세 주의] 세대 합가 전 상속 : 부모님과 주소지를 합치기 전에 상속이 이루어져야 1가구 1주택 상속 취득세 감면을 받기가 더 수월할 수 있다. 이미 합가한 상태에서 상속을 받으면 무주택 세대 요건을 맞추기 까다로울 수 있기 때문이다.

● **혼인 합가 vs 동거봉양 합가**(종부세 특례 비교)

구분	혼인 합가(결혼)	동거봉양 합가(부모 봉양)
상황	남편 1주택 + 아내 1주택 = 2주택	자녀 1주택 + 부모 1주택 = 2주택
특례 기간	혼인일로부터 10년	합가일로부터 10년
주택 수 판단	주택 수 계산 시 각자 1주택으로 봄.	주택 수 계산 시 각자 1주택으로 봄.
기본공제액	각자 12억 원(합계 최대 24억 원 효과)	각자 12억 원(합계 최대 24억 원 효과)
세액공제 (고령·장기보유)	각자 적용 가능 (최대 80%, 본인 명의 요건 충족 시)	각자 적용 가능 (최대 80%, 본인·부모 각자 요건 충족 시)
주의사항	10년 경과 시 다주택자 전환 → 기본공제 9억 원, 세액공제 배제	10년 경과 시 다주택자 전환 → 기본공제 9억 원, 세액공제 배제

주택 수 산정의
복잡한 기준과 이유

Q 1주택 세금을 따질 때 오피스텔, 분양권, 입주권 등이 포함된다고 들었다. 그런데 취득세에서는 시가표준액 2억 원(수도권은 1억 원) 이하의 주택은 주택 수에서 제외한다는 규정도 있다. 왜 세목마다 주택 수를 나누는 기준이 다르고 차이가 발생하는 것일까?

A 세법마다 주택 수를 세는 기준이 다른 이유는 그 세금을 매기는 목적이 다르기 때문이다. 취득세는 부동산을 살 때 내는 세금이고, 양도세는 실제 주택으로 이득을 봤을 때 내는 세금이라 기준이 상충할 수밖에 없다.

1. **취득세**(진입장벽) : 투기가 아닌 실거주 목적의 거래를 활성화하기 위해 **지방 저가주택**(시가표준액 2억 원 이하, 수도권은 1억 원 등)은 주택 수에서 제외해 다주택 중과세를 피할 수 있게 해준다.

2. **양도세**(실질과세) : 실제로 주거용으로 쓰는지가 핵심이다. 따라서 공부상 오피스텔이라도 주거용이면 주택이고, 미래에 주택이 될 권리(분양권·입주권)도 주택 수에 포함해 엄격히 관리한다.

→ 양도세에서는 취득세와는 달리 비과세 판정 시 모든 주택(분양권 등 포

함)을 포함해서 주택 수를 산정한다. **앞의 취득세와는 확연히 다른 태도를 보이므로 이 둘을 구별해야 한다**(아래 표 참조).

3. 종부세(보유 억제) : 가액(금액) 합산이 기본이지만, 세율을 정할 때는 주택 수를 따진다. 이때는 상속주택이나 지방 저가주택에 대해 일정한 배제 혜택을 주어 선의의 피해자를 막는다.

Expert Tip

세목별 주택 수 산정 기준 한눈에 보기

구분	취득세	종부세	양도세
판단 기준 시점	취득 시점	과세 기준일(6.1.)	양도 시점
기본 원칙	취득 당시 주택 수 기준으로 세율 결정	보유 주택 수로 세율 결정, 가액은 합산	양도 당시 보유 주택 수로 비과세·중과 판단
저가주택 특례	공시가 2억 원(수도권 1억 원) 이하 → 주택 수 제외	지방 저가주택(3억 원) 1주택→주택 수 제외	X 제외 없음.
상속주택 특례	원칙적으로 포함	주택 수에서 제외 가능	주택 수에서 제외 가능
일시적 2주택	원칙적 중과(예외 제한적)	1주택으로 봄.	비과세 요건 충족 시 제외
오피스텔	취득 시 무조건 주택 아님& 2018.8.12. 이후 취득→주택 수에 포함	실질 주거 시 주택 포함	실질 주거 시 주택 포함
분양권	2020.8.12. 이후 취득 → 주택 수 포함	X 주택 아님.	2021.1.1. 이후 취득 → 주택 수 포함
조합원 입주권			○ 항상 주택 수 포함
멸실 주택	멸실 후 취득 시 주택 수 제외	과세 기준일 현재 존재 여부	양도 시점 실체 기준

고가주택도 양도세 비과세를
받을 수 있는가?

Q 12억 원을 초과하는 고가주택을 팔아도 양도세 비과세가 가능한가? 일반주택과 요건이 다른지도 궁금하다.

A 가능하다. 다만, 고가주택의 비과세는 전부 면제가 아니라 부분 면제다.

1세대 1주택 비과세 요건을 충족하더라도, 양도가액 중 12억 원을 초과하는 부분에 해당하는 양도차익은 과세된다. 즉, 12억 원 이하에 해당하는 양도차익만 비과세되고, **초과분은 과세 대상**이다.

한편 비과세 요건 자체는 일반주택과 동일하다. 주택을 2년 이상 보유해야 하며, 취득 당시 조정지역의 주택이라면 2년 이상 거주 요건도 필요하다.

Q 초과분에 대한 장특공제율은?

A 보유 기간과 거주 기간에 따라 최대 80%가 적용된다. 다만, 이에 대한 공제율은 조만간 개정될 가능성이 커 보인다.

고가주택 비과세의 오해

고가주택의 비과세는 '세금이 없다'라는 의미가 아니다. 정확히는 12억 원까지는 세금이 없고, 그 초과분에는 세금이 있다는 뜻이다. 따라서 고가주택을 양도한 경우에는 비과세 요건을 충족했더라도 반드시 양도세 신고를 해야 하며, 신고 시에는 **전체 양도차익을 12억 원 기준으로 안분 계산**해야 한다.

이 안분 계산을 누락하면, 비과세로 오인되어 과소신고 및 가산세 문제가 발생할 수 있다.

12억 원 초과분에 대한
과세 방식은?

Q 12억 원을 초과하는 부분에 대해서는 양도세를 어떻게 계산하나?

A 안분계산 방식을 사용한다. 전체 양도차익 중에서 양도가액 중 12억 원을 초과하는 부분이 차지하는 비율만큼을 과세 대상 양도차익으로 본다.

▶ 산식

> 과세 대상 양도차익 = 전체 양도차익 × (양도가액 − 12억 원) ÷ 양도가액

사례

양도가액이 15억 원이고 전체 양도차익이 5억 원인 경우, 과세 대상 양도차익은 '5억 원 × (15억 원 - 12억 원) ÷ 15억 원 = 1억 원'이다.

Q 장특공제율이 80%라면 양도차익 중 과세표준은 얼마로 축소되는가? 단, 기본공제 250만 원은 없다고 가정한다.

A 1억 원에서 80%의 공제액을 감안하면 최종 과세표준은 2,000만 원이 된다.

과세비율은 양도가액에 따라 달라진다

양도가액이 높아질수록 과세 대상이 되는 양도차익의 비율도 커진다. 예를 들어, 양도차익 5억 원이 발생했는데 이를 15억 원에 양도하면 전체 양도차익의 약 20%가 과세되지만, 24억 원에 양도하면 전체 양도차익의 약 50%가 과세 대상이 된다.

- 15억 원에 양도 : 5억 원×(15억 원-12억 원)/15억 원=5억 원×20%=1억 원
- 24억 원에 양도 : 5억 원×(24억 원-12억 원)/24억 원=5억 원×50%=2.5억 원

12억 원 초과분에 대한
장특공제 시뮬레이션

Q 고가주택은 오래 거주하면 양도세가 많이 줄어드나?

A 줄어들 수 있다. 다만, 고가주택 절세의 핵심은 보유가 아니라 거주다. 2년 이상 거주한 경우에는 **보유 기간 공제(연 4%)와 거주 기간 공제(연 4%)**를 합산해 최대 80%의 장특공제를 받을 수 있다. 반면, 거주 요건을 충족하지 못하면 일반 공제(연 2%, 최대 30%)만 적용되어 같은 고가주택이라도 세금 차이가 크게 벌어질 수 있다.

사례 거주 여부에 따른 세 부담 차이

- 양도가액 : 24억 원
- 전체 양도차익 : 10억 원
- 12억 원 초과 비율 : 50% → 과세 대상 양도차익 : 5억 원

① 10년 보유 + 10년 거주한 경우(공제율 80%)

- 장특공제 : 4억 원(5억 원×80%)
- 과세표준 : 1억 원

    → 세 부담 매우 경미

② 10년 보유 + 거주 없는 경우(공제율 20%)

- 장특공제 : 1억 원(5억 원×20%)
- 과세표준 : 4억 원

  → 세금 수억 원 수준 발생 가능

→ 같은 집, 같은 차익이라도 거주 여부 하나로 과세표준이 4배 이상 차이가 난다.

고가주택일수록 몸테크의 효과가 크다

10년 보유·10년 거주 요건을 충족해 80% 공제를 받으면, 12억 원 초과분에 대한 실질 세 부담은 매우 낮아진다. 고가주택일수록 실거주 여부에 따라 수억 원의 세금 차이가 발생할 수 있으며, 이때의 거주 선택은 현금 수익과 맞먹는 절세 효과를 가진다.

일반 고가주택의 종부세는
얼마나 예상되는가?

Q 시가 20억 원 정도의 고가주택이라면, 종부세 부담이 크지 않을까?

A 반드시 그렇지는 않다.

1세대 1주택자라면 종부세는 공시가격 12억 원까지 기본공제가 적용된다. 예를 들어 시가 20억 원 주택의 공시가격이 15억 원이라면, 과세 대상은 초과분인 3억 원에 한정된다.

여기에 고령자 공제와 장기보유 공제(합산 최대 80%)까지 적용되면, 종부세 **부담은 연간 수십만 원 수준까지 낮아질 수 있다.**

사례 시가 20억 원(공시가 15억 원) 1세대 1주택자 종부세 시뮬레이션

- 기본 가정 : 공시가격 15억 원, 공정시장가액비율 60%(현행 유지 가정), 10년 보유 및 거주
- 보유 기간 세액공제 : 10년 이상 보유 시 40% 공제 적용(나이 공제는 없다고 가정함)

구분	계산 내역	산출 금액	비고
1. 공시가격	시가 20억 원 가정	15억 원	현실화율 약 75% 가정
2. 기본공제	1세대 1주택자	(-) 12억 원	과세 기준선
3. 차감 금액	15억 원 – 12억 원	3억 원	순수 초과분
4. 과세표준	3억 원 × 60%(공정시장가액비율)	1억 8,000만 원	실제 세금 매기는 금액
5. 산출세액	1.8억 원 × 0.5%(최저 세율)	900,000원	아직 공제 적용 전
6. 재산세 중복분 공제	종부세 과표에 대한 재산 세액 차감	(-) 약 150,000원	개별 공시가에 따라 변동(추정치)
7. 기준 세액	세액공제 적용 전 실 부담액	750,000원	
8. 세액공제 (핵심)	10년 보유(40%) 적용	(-) 300,000원	10년 보유 : 40% 공제
최종 납부세액	농어촌특별세(20%) 포함 전	약 450,000원	연간 부담액

Expert Tip

종부세는 시가가 아니라 공시가격이 기준이다

종부세는 시가가 아니라 공시가격을 기준으로 계산된다. 따라서 고가주택 보유자는 매년 4월에 발표되는 공시가격을 먼저 확인한 후, 공시가격이 12억 원을 초과하는지부터 점검하는 것이 중요하다. 시가만 보고 종부세 부담을 과도하게 예상하는 경우도 적지 않다.

시가 50억 원 초과 주택에 대한
종부세(세액공제 없는 경우)는?

Q 시가 50억 원을 넘는 초고가 주택에 대해 이번 정부가 보유세를 대폭 인상하겠다고 한다. 공정시장가액비율이 60%에서 80%로 오르고, 세율이 2배 인상된다면 종부세는 얼마나 늘어날까?

A 보유세 인상은 초고가 주택에 집중되는 구조로 설계될 가능성이 크다. 공정시장가액비율 상향과 세율 인상이 동시에 이루어질 경우, 시가 50억 원 초과 주택의 종부세는 현행 대비 2.5~3배 수준까지 증가할 수 있다. 다음은 이를 가정한 단순 시뮬레이션이다.

시뮬레이션(가정)

보유 기간도 10년이 안 되고 나이도 60세가 안 돼 세액공제를 못 받는 경우를 가정한다.

- 시가 : 50억 원
- 공시가격(기준시가) : 30억 원
- 보유 형태 : 1세대 1주택
- 보유 기간 : 10년
- 세액공제 없음(단순화)

● **시가 50억 원 초과 1세대 1주택 종부세 비교 시뮬레이션(가정)**

구분	① 현행 제도 기준 가정	② 정책 변경 가정
시가	50억 원	50억 원
공시가격(기준시가)	30억 원	30억 원
기본공제	△12억 원	△12억 원
공제 후 금액	18억 원	18억 원
공정시장가액비율	60%	80%
과세표준	10.8억 원	14.4억 원
과세표준 증가율	–	약 +33%
적용 세율	현행 누진세율(가정)	현행의 2배 가정
산출 종부세	약 1,000만 원	약 3,000만 원
증가액	–	약 +2,000만 원 이상
배수 효과	기준	약 3배 이상

→ 보유세가 연간 2,000만 원 이상 증가하는 구조다.

공정시장가액비율 상향(60% → 80%)만으로도 → 과세표준이 약 33% 자동 증가하며, 여기에 **세율 인상(2배 가정)이 결합하면** → 세액은 단순 가중이 아니라 곱셈 효과가 발생한다.

결과적으로, 시가 50억 원 초과 1주택자의 종부세는 현행 대비 적어도 3배 이상 수준까지 급증할 수 있다.

Expert Tip

초고가 주택 보유자의 대응 전략

초고가 주택 보유자의 대응 전략은 크게 증여와 보유 정도가 된다. 저자의 카페 등에서 관련 내용을 확인해보기 바란다(네이버 신방수세무아카데미).

시가 50억 원 초과 주택에 대한
종부세(보유공제가 거주 공제로 바뀌는 경우)는?

Q 시가 50억 원이 넘는 초고가 주택에 대해 공정시장가액비율이 60%에서 80%로, 세율이 2배 인상, **장기보유 세액공제(50%)를 장기 거주 세액공제를 변경하는 경우** 종부세는 얼마나 늘어날까?

A 10년 보유만 하고 거주하지 않은 경우로 세액을 예측해보자.

- 시가 : 50억 원
- 공시가격(기준시가) : 30억 원
- 보유 형태 : 1세대 1주택
- 보유 기간 : 10년(세액공제 40%)

● **시가 50억 원 초과 1세대 1주택 종부세 비교 시뮬레이션(가정)**

구분	현행 제도	개편안 가정
시가	50억 원	50억 원
공시가격(기준시가)	30억 원	30억 원*
공정시장가액비율	60%	80%*
과세표준(공제 전)	18억 원	24억 원
1세대 1주택 기본공제	△12억 원	△12억 원*

과세표준	6억 원	12억 원
적용 세율 구조	현행 누진세율	현행세율 × 2배*
종부세 산출세액(추정)	420만 원	2,280만 원
세액공제 방식	장기보유 공제	장기거주 공제*
적용 세액공제	보유 10년 → 40%	거주 0년 → 0%
세액공제액	△168만 원	없음
최종 종부세액	252만 원	2,280만 원
세 부담 상한률	150%	사례는 미반영*

* 1주택 종부세는 표에서 *로 표시된 8가지 변수를 동시에 개정하는 방향으로 진행될 가능성이 크다. 이 중 세율과 세 부담 상한률의 개정 내용이 상당히 중요해질 것으로 보인다.

Expert Tip

거주하지 않는 고가주택의 보유세와 양도세

비싼 아파트의 소유자 중 거주하지 않으면 먼저 보유세 부담이 상당히 커질 것으로 보인다. 한편 이를 처분할 때 만나게 되는 양도세 또한 부담이 상당할 수 있다. 따라서 고가주택을 보유할 때에는 거주 부분에 관심을 둬야 할 것으로 보인다.

종부세 관점에서
공동명의의 중요성이 있는가?

Q 고가주택은 부부 공동명의가 무조건 유리한가?

A 반드시 그렇지는 않다.

2026년 현재 기준으로는 공동명의와 단독명의 중 어느 쪽이 유리한지는 주택 가액과 보유자의 상황에 따라 달라진다.

부부 공동명의의 경우, 각자 9억 원씩 기본공제를 받아 공시가격 합계 18억 원 이하까지는 종부세가 과세되지 않는다. 반면 단독명의는 기본공제는 12억 원이지만, 고령자 공제와 장기보유 공제(합산 최대 80%)를 적용받을 수 있어, 주택 가액이 매우 높거나 보유 기간이 길다면 오히려 단독명의가 더 유리한 결과가 나올 수 있다.

Expert Tip

공동명의는 선택의 문제지, 정답은 아니다

2026년부터는 부부 공동명의 주택이라도 지분율과 관계없이, 부부 중 더 유리한 사람을 종부세 납세의무자로 선택할 수 있는 특례가 강화되었다. 따라서 공동명의 여부를 고정적으로 판단하기보다, 매년 9월 종부세 과세 기준 시점 전에 **단독명의와 공동명의를 각각 시뮬레이션**한 후 가장 유리한 방식으로 납세의무자 선택 신청을 하는 것이 중요하다.

● 시가 50억 원 주택, 1/2 부부 공동명의 전환 시 실익 분석 시나리오

- 현재 기준시가 30억 원

- 취득가액 20억 원, 10년 보유·거주

- 증여 후 5년 뒤 양도 가정

- 증여→ 5년 후 양도 시 장특공제 증여 배우자 80%, 수증 배우자 10%

- 증여→ 10년 후 양도 시 장특공제 80% 가정

- 증여세와 취득세는 시가로 과세, 양도세는 양도가액 50억 원으로 고정

위 가정에 따라서 종부세가 인상됨에 따른 총 세금(취득세+증여세+양도세+보유세)에 대한 시나리오의 분석 결과를 정리하면 다음과 같다. 지면 관계상 도출 과정은 생략했다.

1. 현행 종부세 기준(공정시장가액비율 60%, 세율 일반세율(0.5~2.7%) 가정)

시나리오	단독명의 총비용	공동명의 총비용	결과	핵심
5년 후 양도	2억 3,650만 원	7억 550만 원	단독 유리	보유세 절감 효과가 많이 축소
7년 후 양도	2억 8,050만 원	7억 250만 원	단독 유리	전환비용 회수 불가능
10년 후 양도	3억 4,650만 원	6억 9,350만 원	단독 유리	종부세 차이 감소로 공동명의 실익 소멸

2. 종부세 인상안 기준(공정시장가액비율 80%, 세율 일반세율의 2배 가정)

시나리오	단독명의 총비용	공동명의 총비용	결과	핵심
5년 후 양도	4억 5,650만 원	7억 550만 원	단독 유리	증여세 부담이 여전히 결정적
7년 후 양도	5억 8,850만 원	7억 250만 원	단독 유리	보유세 절감 증가하나 전환비용 회수 부족
10년 후 양도	7억 8,650만 원	6억 9,350만 원	공동 약간 유리	장기보유 시 보유세 차이로 역전

3. 종합

구분	시나리오 1	시나리오 2
5년 후 양도	단독명의 유리	단독명의 유리
7년 후 양도	단독명의 유리	단독명의 유리(경계선)
10년 후 양도	단독명의 유리	공동명의 유리

● **저자 주**

위 모형은 가정에 따른 것이므로 세법의 개정 내용과 상담자의 조건에 따라 그 결과가 달라질 수 있음에 유의해야 한다.

취득 시 12억 원 초과 주택의 명의는
어떻게 정하는 것이 좋을까(자금 출처 조사 포함)?

Q 12억 원을 초과하는 고가주택을 처음 취득할 때, 명의를 어떻게 정하는 것이 절세에 가장 유리할까?

A 단일 기준은 없다. 고가주택의 명의는 취득세·종부세·양도세·상속세까지 함께 고려해야 한다.

일반적으로는 **부부 공동명의가 양도세의 과세표준 분산과 종부세의 기본공제 확대 측면에서 유리한 경우가 많다**(단, 단독을 공동명의로 전환한 경우는 제외).

다만, 향후 추가 주택 취득 계획, 공동명의자의 자금 출처 입증 능력, 장기적으로 상속·증여 전략까지 감안하면 단독명의가 더 적합한 경우도 적지 않다.

Q 12억 원을 초과하는 고가주택을 매수할 때 자금 출처 조사가 걱정된다. 무엇을 준비해야 하나?

A 사전 준비가 필수다. 규제지역 여부와 관계없이 6억 원 이상 주택을 취득하는 경우 **자금조달계획서 제출은 의무**이며, 12억 원 초과 주택은 세무조사 우선 검토 대상이 될 가능성이 크다.

한편, **투기과열지구 내**에서는 매수자금의 출처에 대해 예금 잔액증명서, 금융거래내역, 급여·사업소득 자료, 증여세 신고서나 상속세 신고서 등 객관적으로 입증 가능한 서류를 사전에 갖추는 것이 중요하다.

단독명의 vs 공동명의, 언제 유리한가?

상황	유리한 명의
공시가격 18억 이하 1주택	공동명의
임대소득(월세·전세보증금 이자) 있음	공동명의
향후 양도차익 큼.	공동명의
고령자·장기보유 세액공제 극대화	단독명의 또는 공동 특례
배우자 피부양자 유지가 중요	단독명의
상속세 대비	공동명의

자금 출처 조사의 핵심 체크포인트

① 가족 자금은 말이 아니라 기록이다

부족한 자금을 가족에게 빌린 경우에는 반드시 차용증 작성, 이자 약정, 실제 이자 지급 내역이 남아 있어야 한다. 차용증만 있고 돈의 흐름이 없으면

▶ **증여로 간주될 가능성이 매우 크다.**

② 토허제 여부를 반드시 확인하라

취득 대상 주택이 토허제에 해당하면, 자금조달계획서는 물론 실거주 목적·이용계획까지 함께 심사된다. 이 경우 자금 출처뿐만 아니라 취득 이후의 거주·이용 계획 불일치도 조사 리스크로 연결될 수 있다.

③ 취득 시점이 조사 시점이다

자금 출처 조사는 통상 **취득 직후부터 3~5년 이내에 집중**된다. 나중에 설명하겠다는 생각보다는 취득 전에 설명할 수 있는 구조를 만들어두는 것이 최선의 방어다.

상속세의 관점에서
증여의 필요성이 있는가?

Q 12억 원을 초과하는 고가주택을 보유하고 있다. 나중에 상속세가 걱정되는데, 미리 증여하는 것이 답일까?

A 필요한 경우가 많다.

고가주택은 향후 가치 상승분까지 모두 상속세 과세 대상이 되므로, **가액이 낮을 때 미리 증여해 미래 가치를 수증자에게 이전하는 것**이 상속세 부담을 줄이는 가장 확실한 방법이다.

특히 배우자 증여공제(6억 원)를 활용한 지분 증여는 장래 상속재산을 줄이는 데 매우 효과적이다.

사례) 사전증여 시점에 따른 상속세 차이

- 현재 주택 시가 : 20억 원
- 10년 후 예상 시가 : 30억 원
- 증여 대상 : 배우자
- 증여 지분 : 50%
- 배우자 증여공제 6억 원 활용

● 사전증여 시점에 따른 상속세 결과 비교표
  (배우자 50% 사전증여, 주택 시가 20억 원 → 30억 원 가정)

구분	① 증여 후 10년 이내 상속	② 증여 후 10년 경과 상속	비고
증여 지분	50%	50%	
증여 당시 지분 가액	10억 원	10억 원	시가 20억 원의 50%
배우자 증여공제	6억 원	6억 원	
증여세 부담	있음.	있음.	
상속 시 주택 시가	30억 원	30억 원	10억 원 상승
상속재산 포함 범위	주택 전체	잔존 50% 지분만	
상속세 과세 대상 가액	30억 원	15억 원	
시가 상승분 (총 10억 원) 과세	전부 과세	증여 지분 상승분 5억 원 제외	10억 원 상승분×
사전증여 절세 효과	거의 없음 (오히려 취득세 등 손실).	매우 큼.	

증여 시점을 앞당기면 원금은 물론, 향후 10년간의 가치 상승분까지 상속세 과세 대상에서 차단하는 효과가 발생한다.

증여는 "언제 하느냐"가 핵심이다

증여 후 10년(상속인 외의 자는 5년) 이내에 사망하면 증여 재산은 상속재산에 합산된다. 따라서 증여는 한 살이라도 젊고 건강할 때 미리 실행하는 것이 상속세 절세의 기본 전략이다.

규제지역과 비규제지역의
세제·규제 비교

Q 규제지역은 왜 세금·허가·대출이 이렇게 까다로운가? 비규제지역과 비교하면 무엇이 다른가?

A 규제지역(조정지역 등)은 투기 수요 억제를 목적으로 ① 세금, ② 대출, ③ 거래·허가에 이르는 **삼중 규제가 동시에 적용**되는 지역이다. 반면 비규제지역은 실수요 보호 중심으로 설계되어 세금·대출·거래 절차 전반에서 상대적으로 완화된 기준이 적용된다.

① 양도세 규제 비교

구분	규제지역	비규제지역
1주택 비과세	2년 보유 + 2년 거주 필수	2년 보유만으로 가능(거주 요건 없음)
다주택자 양도	중과세율 적용 가능	중과세 안함(단, 중과 대상 주택 수에는 포함).

② 취득세 규제 비교

구분	규제지역	비규제지역
중과 시작 시점	2주택부터	3주택부터
취득세율	8% 이상 중과 가능	일반세율 또는 완화

③ 대출·거래·허가 규제 비교

구분	규제지역	비규제지역
LTV	낮게 제한	비교적 높음.
대출 총액	가격 구간별 한도	한도 규제 완화
토지거래허가	허가 대상 시 실거주 목적만 가능	없음.
투자 거래	사실상 차단	상대적으로 자유

사례

A씨는 2021년 조정지역에서 아파트를 취득했다. 취득 당시에는 1주택이었고, 이후 2년 이상 보유했다. 2026년, 해당 지역이 비규제지역으로 해제되자 A씨는 '이제 거주하지 않아도 비과세 아닌가?'라고 생각하고 매도했다. 비과세가 가능한가?

아니다. 1주택 비과세의 거주 요건은 양도 시점이 아니라 취득 시점 기준이다. 따라서 이 경우, 2년 거주 요건을 충족해야 한다.

Expert Tip

규제지역 vs 비규제지역 핵심 규제 비교표(2026년 기준)

구분	규제지역(서울 전역, 경기 12곳 등)	비규제지역
금융 규제	LTV 50%, 6개월 내 전입/처분 의무	LTV 70%, 전입/처분 의무 없음 (수도권 비규제지역은 제외).
대출 한도	15억 원 이하 6억 원 / 15억 원 초과 4억 원 등 한도	별도 금액 제한 없음(DSR 범위 내).
취득세	2주택 8%, 3주택 12% 중과	2주택까지 기본세율, 3주택 8%
양도세	2년 거주 시 비과세, 다주택 중과 유의	2년 보유 시 비과세, 중과 없음.
거래허가	토허제 지정 시 실거주 필수	허가 절차 없음.
전매제한	소유권이전등기일까지 전매제한	전매제한 없음(또는 6개월).

일시적 2주택
비과세의 요건

Q 이사 등으로 인해 일시적으로 2주택이 된 경우, 비과세를 받기 위한 핵심은 무엇인가?

A 일시적 2주택 비과세는 흔히 말하는 1-2-3 법칙이 핵심이다. 이를 다시 한번 살펴보자.

1. 1년 → 종전 주택을 취득한 후 **1년 이상 경과한 뒤 새 주택을 취득**해야 한다.
2. 2년 → 종전 주택은 1주택 비과세 요건(2년 보유, 필요시 2년 거주)을 이미 충족하고 있어야 한다.
3. 3년 → 새 주택을 취득한 날로부터 3년 이내에 종전 주택을 처분해야 일시적 2주택으로 인정받을 수 있다.

이 3가지 중 하나라도 빠지면 일시적 2주택 비과세는 적용되지 않는다.

사례

B씨는 종전 주택을 2년 이상 보유한 상태에서 이사 목적으로 신규 주택을 취득하고, 3년 이내에 종전 주택을 처분했으므로 일시적 2주택 비과세가 된다고 생각했다.

하지만 종전 주택이 조정지역 취득주택이어서 2년 거주 요건을 충족하지 못했기 때문에, 종전 주택 자체가 1주택 비과세 요건을 갖추지 못해 일시적 2주택 비과세가 적용되지 않았다.

Q 이 사례에서 B씨가 규제지역 내에서 대출을 받으면 몇 개월 내에 종전 주택을 처분해야 하는가?

A 6개월(또는 임대차계약 종료일로부터 1개월)이다.

Expert Tip

세법 vs 은행 약정, 처분 기한 이원화 비교

구분	세법(양도세 비과세)	은행(주택담보대출 약정)
처분 기한	신규 주택 취득 후 3년 이내	신규 주택 취득 후 6개월(또는 임대차계약 종료일로부터 1개월) 이내
핵심 의무	종전 주택 양도 완료	종전 주택 처분 + 전 세대원 전입
위반 시 결과	비과세 박탈(세액 추징)	대출금 즉시 회수 + 3년 금융 제재
지역 기준	전국 통합(비규제/규제 동일)	규제지역 내 대출 시 엄격 적용

→ 일시적 2주택의 경우, 종전 주택을 기한 내(원칙적으로 3년 이내)에 처분하면 **취득세 역시 1주택 일반세율(1~3%)**을 적용받을 수 있다. 참고로 현행의 일시적 2주택의 비과세 등의 요건도 한층 더 강화될 가능성도 있어 보인다.

지방 주택을 먼저 양도하면
비과세가 가능한가?

Q 지방 주택 1채와 서울 규제지역 주택 1채를 보유하고 있다. 지방 집을 먼저 팔면 비과세가 되나?

A 경우를 나누어 판단해야 한다.

1. 일시적 2주택에 해당하는 경우

먼저 취득한 주택이 지방 주택이고, 나중에 취득한 서울 주택의 취득일로부터 3년 이내에 지방 주택을 양도한다면 일시적 2주택 비과세가 적용된다. 이 경우, 지방 주택을 먼저 팔아도 비과세가 가능하다.

2. 일시적 2주택 요건을 벗어난 경우

이미 처분 기한(3년)을 넘겼거나 요건 자체를 충족하지 못한 상태라면, 지방 주택을 먼저 양도하더라도 비과세는 적용되지 않으며 일반과세된다.

매도 순서에 따른 세 부담 비교

구분	비조정지역 주택 먼저 매도(추천)	조정지역 주택 먼저 매도(위험)	비고
첫 번째 양도세	일반세율(6~45%)	중과세율 (기본 + 20%P)	소재지에 따라 중과 여부 결정
장특공제	적용 가능(최대 30%)	적용 불가(0%)	세액 차이의 결정적 요인
두 번째 양도세	1주택 비과세 혹은 일반과세	나머지 주택 비과세 혹은 일반과세	최종 수익률의 차이 발생

서울 주택을 먼저 양도하면
비과세가 가능한가?

Q 서울(규제지역) 주택을 먼저 팔고 싶은데, 비과세나 중과세 측면에서 주의할 점은 무엇인가?

A 원칙적으로 비과세는 불가능하다.

일시적 2주택 특례는 항상 '종전 주택을 먼저 양도하는 경우'에만 적용된다. 따라서 서울 주택이 나중에 취득한 주택(신규 주택)이라면, **이를 먼저 양도하는 순간 무조건 과세 대상이 된다.**

특히 종전 주택을 3년 이내에 처분하지 못해 일시적 2주택 요건이 깨진 상태라면, 서울 규제지역 주택 양도 시 **중과세 위험까지 함께 검토**해야 한다. 2026년 5월 중과 유예가 종료될 경우, 기본세율에 20%P 이상 중과세율이 적용될 수 있다.

→ 근무상 형편, 질병 등 부득이한 사유가 있는 경우 처분 기한 연장이 인정될 수 있으나, 요건이 매우 엄격하고 사후 입증 부담도 크다. 가장 안전한 대응은 서울 주택을 팔기 전에 상생 임대주택을 활용해 거주 요건을 미리 충족해두는 등 사전에 선택지를 확보해두는 전략이다. 이런 전략을 수행할 수 없다면 지방 주택의 **증여 등을 통한 주택 수 줄이기**에 나서야 한다.

2주택 이상 보유자 유형별 과세 판단 기준

보유 유형	비과세 적용(Best)	일반과세 적용(Good)	중과세 적용(Worst)
일시적 2주택	신규 취득 후 3년 내 매도	(비과세 실패 시) 3년 내 매도	신규 취득 후 3년 경과 후 매도
상속주택	일반주택 먼저 매도 시	상속주택을 5년 내 매도 시	상속 후 5년 경과 후 먼저 매도
혼인 합가	혼인 후 10년 내 매도 시	기한 경과 후 일반과세 요건	조정지역 내 다주택자로 매도
동거봉양	합가 후 10년 내 매도 시	기한 경과 후 일반과세 요건	조정지역 내 다주택자로 매도

지방·서울 주택을 먼저 양도하면
중과세가 되는가?

Q 다주택 상태에서 주택을 양도할 때, 어느 지역의 주택을 파느냐에 따라 중과세 여부가 달라지나?

A 핵심 기준은 양도 당시 해당 주택이 규제지역(조정지역)에 속해 있는지다.

1. 지방 주택을 먼저 양도하는 경우

양도 시점에 부산 등 비규제지역에 해당하는 주택이라면, 다주택자라 하더라도 일반세율이 적용되고 양도세 중과는 배제된다.

2. 서울 주택을 먼저 양도하는 경우

서울 등 규제지역 내 주택을 양도하면 다주택자는 양도세 중과 대상이 된다. 이때는 기본세율에 중과세율(20%P 또는 그 이상)이 가산될 수 있다. 즉, '몇 채를 가지고 있느냐'보다 '어느 지역의 집을 파느냐'가 중과세를 좌우한다.

→ 중과세는 주택 수 산정이 중요하다. 이 부분은 상당히 난도가 있으므로 저자의 카페 등을 통해 확인해보기 바란다.

Expert Tip

중과세 판단 절차

중과세 판단 절차는 다음과 같다.

STEP 0 보유 부동산 전체 나열(세대원 포함)

▼

STEP 1 주택 수 산정(1차 필터)

※ 주택 수에서 원천적으로 제외

- 지방 3억 원 이하 주택(광역시, 세종시 등 제외)
- 소형주택
- 지방 미분양주택
- 기타 법령상 제외 주택

▼

중과판정용 주택 수 확정

- 1주택 이하 → □ 일반과세(종료)

▼

STEP 2 조정지역 주택 양도인가?

- NO → □ 일반과세(종료)

▼

STEP 3 현재 중과판정용 주택 수는?

- 2주택
- 3주택 이상

▼

STEP 4 양도하는 주택이 중과 배제주택인가?

- YES
  - 상속주택(5년 내 처분 등)
  - 의무 이행 임대주택
  - 일시적 2주택
  - 기타 법령상 중과배제

  ▼

  □ 일반과세(장특공제 가능)
- NO

▼

□ 중과세율 적용

- 2주택 : 기본세율 + 20%P(장특공제 배제)
- 3주택↑ : 기본세율 + 30%P(장특공제 배제)

구분	수도권·광역시(구)·세종시	기타 지방 + 광역시(군·읍·면) + 수도권·세종시의 읍·면
일반 주택 (아파트·빌라 등)	원칙 포함(가격 무관) ※ 단, 읍·면 소재 시 기준시가 3억 원 초과분만 포함	3억 원 초과 포함/3억 원 이하 제외
주거용 오피스텔	주거용(사실상 주거)이면 포함 ※ 읍·면 소재면 3억 원 기준 적용	3억 원 초과 포함/3억 원 이하 제외
분양권	2021.1.1. 이후 취득분 포함 (지역·가격 무관)	동일 (종전 주택가격 3억 원 이하 제외)
조합원 입주권 (입주권)	원칙 포함(취득 시기 무관)	동일 (분양 시 공급가액 3억 원 이하 제외)
소형주택(전용면적 요건 충족)	주택 수 제외	주택 수 제외
지방 미분양주택	주택 수 제외	주택 수 제외
인구감소지역 주택	(해당 없음)	주택 수 제외 ※ 법령이 정한 지역·요건 충족 시

이 경우, 보유세(재산세·종부세)는
어떻게 과세되는가?

Q 지방 주택 1채와 서울 주택 1채를 함께 보유하고 있다면, 보유세 부담은 어느 정도로 계산되나?

A 보유세는 재산세와 종부세를 구분해서 봐야 한다.

1. 재산세

재산세는 주택별로 과세되므로 지방 주택과 서울 주택 각각의 공시가격을 기준으로 개별 부과된다.

2. 종부세

종부세는 주택별이 아니라 **인별 합산 과세**가 원칙이다. 지방 1채, 서울 1채를 보유한 경우, 2주택자로 분류되어 일반세율이 적용된다(**종부세 관점에서는 주택을 분산해서 보유하는 것이 좋다**).

최근 세법 개정 흐름은 주택 수 자체보다는 공시가격 합계액 중심의 과세 체계를 강화하는 방향으로 가고 있다.

1주택자 vs 2주택자 종부세 과세 구조 비교
(공시가격·공정시장가액비율·세율 동일 가정)

구분	1세대 1주택자	2주택자 이상
공시가격	동일	동일
공정시장가액비율	동일	동일
과세표준	동일	동일
적용 세율	동일	동일 (3주택 이상 과세표준 12억 원 초과 시 중과세율 2.0~5.0% 적용)
산출세액	동일	동일
장기보유 세액공제	적용 가능	적용 불가
고령자 세액공제	적용 가능	적용 불가
세액공제 합계 한도	최대 80%	없음
최종 종부세액	산출세액 ×(1 − 공제율)	산출세액 전액

원정 투자에 대한 정부의
규제 강화 방향과 대비책은?

Q 지방 거주자가 서울에 투자하는 등 이른바 원정 투자에 대한 규제가 앞으로 더 강화될 가능성이 있나?

A 강화될 가능성이 크다. 정부는 이른바 똘똘한 한 채 선호 현상을 억제하기 위해 **서울 등 상급지를 중심으로 대출 및 거주 요건에 대한 규제를 단계적으로 강화하고 있다.**

구체적으로는 LTV 축소 등 대출 규제 강화, 일정 금액 이상 주택에 대한 전입(실거주) 의무 강화, 토허제 확대 등 실수요자 중심의 시장 재편을 유도하는 방향이다.

세제 측면에서는 과거처럼 주택 수에 따른 일률적 중과보다는, **보유 주택의 총 가액에 비례한 세 부담 적정화로 정책 축이 이동**할 가능성이 크다. 또한, 1주택자의 경우 장기보유 세액공제를 장기거주 세액공제로 전환하려는 흐름도 배제할 수 없다.

→ 종부세 인상에 관한 시뮬레이션에 대해서는 PART 01 등을 참조하기 바란다.

Q 양도세에서는 어떤 불이익이 예견되나?

A 주택 수가 1주택인 경우에는 비과세도 가능하나, 거주 요건이 있는 경우 이를 충족하지 못하면 일반과세가 적용된다. 만약 2주택 이상이면 중과세의 가능성이 있다.

Q 상생 임대차계약을 한 경우에는 거주 요건을 면제받을 수 있는가?

A 그렇다.

> **Expert Tip**
>
> **규제 시대의 현실적인 대비 전략**
>
> 최고의 대비책은 상생 임대와 명의 분산이다.
>
> 실거주가 어려운 서울 주택은 상생 임대주택 제도를 활용해 비과세 요건과 장특공제를 사전에 확보하고, 보유 단계에서는 부부 공동명의 등 명의 분산을 통해 종부세 과세구간을 낮추는 전략이 필요하다.

지방 주택 포함 2주택자의
상황별 종합 절세 전략

1. 지방 1주택(기존) + 규제지역 1주택(신규) 종합 절세 전략

Q 지방에 집이 하나 있는데 서울 규제지역에 집을 더 샀다. 어떻게 팔아야 세금을 가장 아끼나?

A 양도세와 보유세로 나눠서 살펴보자.

1. 양도세 전략 : 일시적 2주택 활용이 최우선이다. 서울 집 취득일로부터 3년 이내에 기존 지방 주택을 팔면 비과세가 가능하다. 만약 서울 집을 먼저 팔 계획이라면, **지방 주택이 공시가격 3억 원 이하 등 중과 배제요건**에 해당하는지를 확인해 일반세율을 적용받아야 한다.

2. 보유세 전략 : 종부세 계산 시 지방 주택이 지방 저가주택 특례(공시가격 3억 원 이하 등)에 해당한다면 1세대 1주택자 혜택(12억 원 공제 및 세액공제)을 그대로 누릴 수 있다. **반드시 9월에 특례 신청**을 하자.

▶ 규제지역 취득 시 대출 규제가 까다롭다. 기존 지방 주택 처분 조건부 대출을 받았다면 약정된 처분 기한을 어길 시 대출 회수 등 금융 페

널티가 있으니 세무와 금융을 동시에 챙겨야 한다.

2. 지방 1주택(기존) + 비규제지역 1주택(신규) 종합 절세 전략

Q 지방에 집이 있고, 이번에 수도권 비규제지역에 추가로 집을 샀다. 규제지역보다는 여유가 있을까?

A 양도세와 보유세로 나눠서 살펴보자.

1. 양도세 전략 : 처분 기한(3년)은 규제지역과 같지만, 새로 산 집이 비규제지역이므로 향후 이 집을 팔 때 **거주 요건이 없다는 것이 큰 장점**이다. 지방 주택을 3년 이내에 팔아 비과세를 받고, 남은 비규제지역 주택은 2년 보유만 해도 나중에 비과세를 받을 수 있다.

2. 취득세 전략 : 비규제지역 2주택 취득은 중과 대상이 아니므로(1~3%) 초기 자금 부담이 적다. 이를 활용해 증여보다는 매매 형태의 자산 이전을 고려해볼 만하다.

→ 두 주택 모두 비규제지역이라면 먼저 오를 집을 나중으로 미루고, 상승 폭이 작은 집을 일시적 2주택 비과세로 먼저 털어내는 순서의 미학이 필요하다.

3. 지방 무주택자 + 규제지역 1주택(신규) 종합 절세 전략

Q 지방에 거주하며 전세 살던 무주택자가 서울 규제지역에 똘똘한 한 채를 샀다. 어떤 관리가 필요할까?

A 양도세와 보유세로 나눠서 살펴보자.

1. 양도세 전략 : 규제지역 주택이므로 나중에 비과세를 받으려면 **반드시 2년 거주**를 해야 한다. 본인이 직접 들어가 살기 어렵다면 반드시 상생 임대주택계약을 체결하자. 임대료 5% 증액 제한을 지키면 거주하지 않아도 비과세 및 고율의 장특공제(최소 20%~최대 80%)를 챙길 수 있다.

2. 자금 출처 전략 : 지방 거주자가 서울 고가주택을 사면 국세청의 자금 출처 조사 타깃이 되기 쉽다. 소득 증빙이 부족하다면 부모님께 빌린 돈에 대해 차용증을 쓰고 **적정 이자(4.6%)를 지급**(2억 원까지는 무이자도 문제없음)하는 등 객관적 증빙을 미리 준비해야 한다.

3. 종부세 전략 : 1주택자이므로 공시가격 12억 원까지 종부세가 나오지 않는다. 만일 이를 초과한 경우에는 세 부담의 크기를 고려해 적절한 대책을 세우도록 한다.
만약 맞벌이 부부라면 처음부터 공동명의로 취득해 향후 양도세와 종부세 절감의 기초를 닦아두는 것이 좋다.

조정지역 2주택자의
당면한 세금 문제

Q 현재 조정지역에서 2주택을 보유 중이다. 중과세가 들어오면 팔 수가 없을 것 같다. 이 경우, 어떤 문제가 있을까?

A 알다시피 중과세가 적용되면 **양도차익의 60% 이상이 세금**이다. 따라서 이 상황에서는 자금 계획 등을 잘 짜서 대비해야 한다. 그런데 문제는 보유세가 얼마나 나올지의 여부다. 원래 종부세는 2주택 이하의 경우에는 일반세율로 적용하지만, 앞으로는 기준시가를 합한 금액에 대해 세율을 올리는 방식으로 대응할 것으로 보인다. 따라서 정확한 종부세액을 계산해 그에 맞는 대응책을 찾아야 할 것으로 보인다.

Q 2주택을 한 사람이 가지고 있는 경우와 부부가 한 채씩 가지고 있는 경우 보유세 부담이 달라지는가?

A 재산세는 동일하나 종부세는 달라진다. 종부세는 인별 과세에 해당하기 때문이다.

조정지역 2주택자 세금 핵심 요약(2026.1. 기준)

1. 양도세 : 5월 9일이 분기점

[현황] 기본세율(6~45%) + 장특공제 적용

[핵심 이슈] 2026년 5월 9일 한시적 유예 종료(5월 10일 이후 양도 시 중과세율 +20%P 적용함)

[대응] 5월 9일 이전에 계약을 완료해야 함.

2. 종부세 : 대대적인 개편 예고

[현황] 조정지역 여부 관계없이 일반세율(0.5~2.7%) 적용

[핵심 이슈] 종부세를 가액 중심으로 개편 시 종부세가 급등할 가능성 큼.

[대응] 부부 공동명의 등으로 과세표준을 낮추는 것이 유리(공제액 부부합산 18억 원)

3. 취득세 : 여전히 높은 8%

[현황] 조정지역 내 2주택 취득 시 세율 8% 적용(중과 유지)

[핵심 이슈] 취득세 중과 완화 법안 통과 지연

[대응] 인구감소지역 주택(세컨드 홈)이나 소형 신축주택 등 주택 수 제외 특례 상품 활용 고려

조정지역 2주택자의
세금 해법

Q 조정지역에서 주택을 2채 보유하고 있는데, 지금 어떤 세금 전략을 먼저 검토해야 하나?

A 조정지역 2주택자의 세금 해법은 순서가 핵심이다. 가장 먼저 **1세대 1주택**(일시적 2주택 포함) **비과세 가능성부터 검토**해야 한다. 만약 비과세 적용이 어렵다면, 다음 단계로 처분·증여·보유 중 **어떤 선택이 유리한지를 비교**해야 한다. 이때 단순히 '팔까, 말까'가 아니라 양도세·증여세·보유세를 각각 수치로 계산한 뒤 결정해야 한다.

특히 보유를 선택하는 경우에는 향후 종부세 부담이 실제로 얼마인지를 정확히 산출하지 않고서는 합리적인 판단이 어렵다.

Q 조정지역 내의 2주택자가 무주택자인 자녀에게 증여할 경우 취득세는 몇 %인가?

A 증여에 대한 취득세율은 수증자가 아닌 증여세대의 주택 수로 계산한다. 따라서 이 경우, 증여자가 2주택자이고 증여 주택이 조정지역에 소재하며 시가표준액 3억 원 이상의 주택에 해당하면 12%의 세율이 적용된다.

→ 이렇게 취득세율이 높으면 증여의 실익이 많이 줄어든다.

조정지역 부동산 세무 의사 결정 로드맵

조정지역에서 2주택을 보유한 경우, 어떤 식으로 대응할 것인가? 이에 대한 의사 결정 하는 방법을 알아보자.

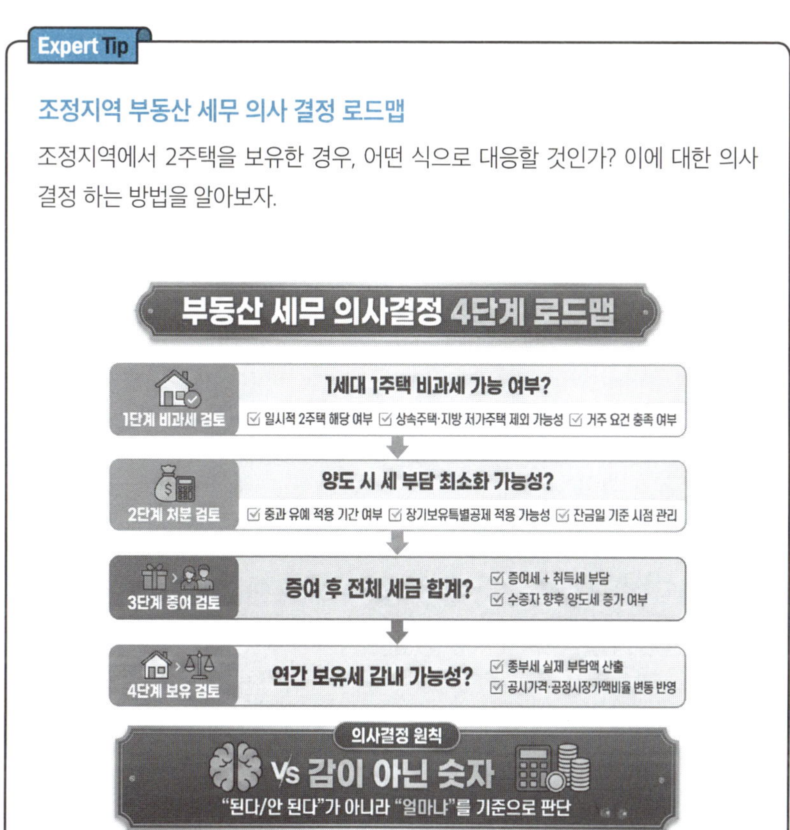

일시적 2주택
특례 오류

Q 기존에 살던 집을 팔기 전에 새집을 먼저 사게 되어 일시적으로 2주택이 되었다. 주변에서는 일시적 2주택이면 비과세가 된다고 하니 안심하라고 하는데, 인터넷을 찾아보니 요건이 생각보다 복잡하다. 어떤 점을 가장 조심해야 하나? 혹시 흔히 놓치는 실수가 있나?

A 일시적 2주택 특례는 자동으로 적용되는 제도가 아니다. 취득 순서, 처분 기한, 지역 요건 중 하나라도 어긋나면 비과세는 성립하지 않는다.

판단 기준

1. '일시적'은 기간이 아니라 순서를 의미한다

일시적 2주택 특례의 출발점은 '기존 주택을 먼저 취득하고, 새로운 주택을 나중에 취득했는지'이다.

이 순서가 바뀌면 아무리 짧은 기간이라도 일시적 2주택으로 인정되지 않는다. '잠깐 겹쳤다'라는 사정은 고려 대상이 아니다.

2. 처분 기한은 가장 흔한 실패 지점이다

새 주택을 취득한 날부터 기존 주택을 일정 기간 내에 양도해야 한다. 이 기한을 하루라도 넘기면 특례는 사라진다. 특히 **분양권·입주권·상속**

주택이 끼어 있는 경우에는 기산점 자체를 잘못 잡아 기한을 놓치는 사례가 많다.

3. 조정지역은 요건을 한 단계 더 올린다

신규 취득주택이나 기존 주택이 조정지역에 해당하면, 단순 처분 기한 외에 거주 요건이 추가된다.

'집은 샀고 곧 팔면 된다'라는 생각만으로는 부족하며, 실제 거주 이력이 요건을 충족하는지까지 확인해야 한다.

4. 일시적 2주택은 '주택 기준만'으로 판단하지 않는다

분양권·입주권·임대등록주택·상속주택은 일시적 2주택 판단 시 **주택 수에 포함되거나 제외되는 방식이 서로 다르다.**

이 자산들이 끼어 있는 상태에서 단순히 '집 2채만 놓고 판단'하면 특례 적용이 어긋날 가능성이 크다.

Expert Tip

일시적 2주택 핵심 체크리스트

구분	주요 내용 및 요건	실무적 주의사항
취득 간격	종전 주택 취득 후 1년 이상 경과 후 신규 취득	1년 미만 시 비과세 특례 적용 불가
처분 기한	신규 주택 취득일부터 3년 이내 종전 주택 양도	조정·비조정 구분 없이 현재 3년 통일
종전 주택 요건	양도일 현재 비과세 요건(2년 보유 등) 충족	취득 당시 조정지역이었다면 2년 거주 필수
위반 시 리스크	비과세 박탈 및 일반과세 전환	규제지역이면 다주택 중과세율 적용 가능

상속주택 소유 시
2주택자 비과세 특례

Q 이미 서울에 집을 2채 보유하고 있는데, 최근 아버님이 돌아가시면서 지방 아파트를 형제들과 공동으로 상속받았다. 내 지분은 20%에 불과한데, 나중에 서울 집을 팔면 3주택자로 중과세를 맞게 되는 건가? 상속주택은 5년 안에만 팔면 괜찮다는 말도 있던데, 어떤 순서로 정리해야 할지 혼란스럽다.

A 상속주택이 중과세를 유발하는지는 공동상속주택의 소유자로 누구를 보느냐, 그리고 상속 후 언제 어떤 주택을 파느냐에 따라 명확히 갈린다.

판단 기준

1. 공동상속주택의 소유자 판정은 단 한 명만 지정된다

세법은 주택 수 산정을 위해 다음의 **우선순위에 따라 단 한 명만**을 소유자로 판정한다. 첫째, 상속지분이 가장 큰 상속인, 둘째, 해당 주택에 실제 거주하는 상속인, 셋째, 연장자순이다. 상담자처럼 지분이 20%에 불과한 소수지분 상속인은 이 판정 구조에서 밀려나게 되므로, 중과세 판단을 위한 주택 수 계산에서 해당 상속주택은 제외된다. 따라서 **서울 주택을 양도하더라도 3주택 중과세로 전환되지 않는다.**

2. 상속주택은 5년간 중과세가 유예되는 안전지대가 있다

만약 상담자가 최대지분자이거나 거주자로 판정되어 상속주택이 주택 수에 포함되더라도, 상속 즉시 중과세가 적용되는 것은 아니다. 세법은 **상속개시일(사망일)로부터 5년 이내에 상속주택을 양도**하는 경우, 조정지역 여부와 관계없이 중과세를 배제하고 일반세율을 적용한다. 이는 상속으로 인한 불가피한 다주택 상태를 고려한 한시적 구제 장치로, 이 5년의 기한을 넘기는 순간 중과세 위험이 현실화된다.

3. 비과세를 노린다면 반드시 일반주택을 먼저 팔아야 한다

상속주택을 보유한 상태에서 비과세까지 고려한다면 매도 순서가 결정적이다. **상속 당시 이미 보유하고 있던 일반주택을 먼저 양도**하는 경우에는 상속주택을 없는 것으로 보아 1세대 1주택 비과세를 적용받을 수 있다. 반면, 상속주택을 먼저 양도하면 5년 이내라 하더라도 중과세만 면제될 뿐, 비과세는 적용되지 않고 일반과세로 종결된다는 점을 **명확히 구분**해야 한다.

- ▶ 공동상속주택 소유자 판정 순서 : 최대 상속지분자 → 실제 거주자 → 연장자
- ▶ 상속주택 중과세 면제 기한 : 상속개시일(사망일) + 5년
- ▶ 일반보유 중 상속주택 시 비과세 기한 : 일반주택 처분 기한 없음.

Q 상속주택을 지분으로 보유한 경우 양도세 비과세와 중과세에 미치는 영향은?

A 비과세 판정 시 선순위(1개 한정) 소수지분 상속주택은 주택 수에 포함되지 않는다. 그런데 중과세 판정 시 소수지분 상속주택은 모두 주택 수에 포함하지 않으며, 5년이 지나 양도한 경우라도 중과세를 적용하지 않는다. 소수지분이 있는 경우 양도세 비과세와 중과세의 판단이 중요

하므로 반드시 저자 등과 상의하기 바란다.

구분	주된 상속인(최대 지분자 등)	소수지분 상속인(그 외 지분자)
비과세 판정	· 주택 수 포함 · 상속 당시 보유한 일반주택 양도 시에만 비과세 특례 적용	· 주택 수 제외(선순위 1개 주택에 한함) · 소수지분 취득 시기와 관계없이 일반주택 비과세 가능
중과세 판정	· 상속 후 5년까지만 주택 수 제외 · 5년 경과 후에는 본인의 주택 수에 가산	· 주택 수 제외(선순위 여부 불문) · 기간 제한 없이 중과세를 적용하지 않음.

Expert Tip

상속주택 지분별·기간별 중과세 판정 기준

구분	주된 상속인 (최대지분자 등)	소수 지분권자	비고
주택 수 합산	주택 수에 포함	주택 수에서 제외	중과세 판정 기준 (소수 지분권 개수와 관계없음)*
상속주택 먼저 양도	5년 내 양도 시 일반과세	기한과 관계 없이 일반과세	5년 경과 시 중과세 가능(주된 상속인)
일반주택 먼저 양도	특례 요건 충족 시 비과세	특례 요건 충족 시 비과세	상속 전 보유 주택 한정(소수는 예외)

* 1세대 1주택 비과세 판단 시 주택 수에서 제외되는 상속주택은 선순위 소수지분 1주택에 한한다.

혼인·동거봉양 합가 시
2주택 비과세 특례

Q 이번에 결혼하면서 남편과 나 각각 아파트 1채씩을 보유한 상태로 합가하게 되었다. 제 친구는 65세 어머니를 모시려고 집을 합쳤는데 역시 2주택자가 되었다. 합가로 2주택이 된 경우에도, 먼저 파는 집은 다주택자로 보아 세금을 많이 내야 하나? 아니면 1주택자처럼 비과세를 받을 방법이 있을까?

A 혼인이나 동거봉양으로 인한 합가라면, 일정 요건을 충족하는 경우 합가일로부터 10년 이내에 양도하는 주택에 대해 1주택 비과세가 적용된다. 다만, **연령 기준과 적용 세목을 정확히 구분**해야 한다.

1. 합가의 기준일과 부모님의 만 나이를 먼저 확정하라

혼인 합가는 혼인신고일, 동거봉양 합가는 실제 합가일(전입일)이 기준이다. 동거봉양 특례는 합가 당시 부모님 중 한 분이라도 만 60세 이상이어야 적용된다. 다만, 암 등 중증 질환으로 간호가 필요한 경우에는 연령 요건 없이 특례가 인정될 수 있으므로, 이 경우 진단서 등 객관적 증빙을 먼저 확인해야 한다.

2. 가장 많이 틀리는 지점 : 양도세 60세 vs 취득세 65세

합가 특례는 세목별로 연령 기준이 다르다.

- 양도세 비과세 : **부모님 중 한 분이 만 60세 이상**이면 10년의 유예 기간 적용
- 취득세 중과 회피(세대 분리 인정) : **부모님 중 한 분이 만 65세** 이상이어야 가능

3. 10년의 골든타임, 먼저 팔 집을 전략적으로 정하라

합가 특례의 가장 큰 장점은 어느 주택이든 먼저 파는 집에 비과세를 적용한다는 점이다. 따라서 10년이라는 시간 동안 다음 기준으로 매도 순서를 정하는 전략이 필요하다.

- 양도차익이 상대적으로 작은 주택
- 거주 요건을 채우기 어려운 주택
- 향후 보유 부담(보유세·관리비 등)이 큰 주택

먼저 1채를 비과세로 정리하면, 남은 한 채는 자동으로 1주택자가 되어 이후 언제든 다시 비과세를 받을 수 있다.

Q 취득세와 종부세는 어떤 식으로 세대 판정을 할까?

A 취득세의 경우 65세 이상의 부모님과 동거봉양 합가 시 별도 세대로 인정해 주택 수를 산정하고, 종부세(60세)에서 1주택 특례(12억 원 기본공제 등) 적용 시 혼인과 동거봉양 합가 모두 10년간 별도 세대로 인정한다.

합가 특례 세목별 주요 요건 비교(2026년 기준)

구분	양도세(비과세 특례)	취득세(세대 분리 특례)
기준 연령	부모 중 1인이라도 만 60세 이상	부모 중 1인이라도 만 65세 이상
핵심 혜택	합가 후 10년 이내 먼저 양도 시 비과세	합가해도 별도 세대로 보아 주택 수 산정
혼인 특례	혼인신고일부터 10년 이내 양도 시 비과세	해당 없음(부부는 무조건 동일 세대).
처분 순서	부모·자녀·부부 주택 구분 없이 먼저 파는 집	해당 없음.
특이사항	중증 질환 시 연령 제한 없음.	부모님 주택은 자녀의 취득세율에 영향 없음.

고가 2주택자의
증여를 통한 해법

Q 서울에 집이 2채 있는데, 지금 팔면 세금이 너무 많아서 차라리 대학생 아들에게 집 1채를 증여하려고 한다. 증여세가 나오더라도 나머지 1채를 비과세로 팔 수 있다면, 그게 더 이득이 아닐까? 취득세도 많이 나온다고 해서 판단이 어렵다.

A 증여는 중과세를 피하는 수단이 될 수는 있지만, 조건 없는 해법은 아니며, 반드시 총비용 기준으로 냉정한 비교가 필요하다.

판단 기준

1. 증여세와 양도세의 과세 구조 차이를 먼저 비교하라

양도세는 차익에 대해 과세되지만, 증여세는 시가 전체를 과세표준으로 삼는다. 따라서 취득가액이 매우 낮아 양도차익이 큰 주택일수록 증여가 상대적으로 유리해질 수 있으나, 최근 취득해 차익이 크지 않은 주택은 중과세가 적용되더라도 양도세가 증여세보다 저렴한 경우가 많아 **주택별로 개별 계산이 필수다.**

2. 증여 취득세 중과는 실익을 잠식하는 핵심 변수다

2026년 현재 다주택자가 조정지역 내에서 주택을 증여할 경우, 일정가액(공시가격 3억 원 초과 등)을 넘으면 **수증자인 자녀에게 최대 12%의 취득세가 발생한다.**

3. 이월과세라는 10년의 세월 조건을 감수할 수 있는지 판단하라

증여받은 주택을 10년 이내에 양도하면, 취득가액은 증여 당시 시가가 아니라 부모의 최초 취득가액으로 계산된다(단, 1세대 1주택 비과세는 제외). 즉, 자녀가 단기간에 팔아 현금화할 계획이라면 증여의 실익은 사실상 사라지며, 최소 10년 이상 보유할 수 있는 주택이어야만 증여 전략이 완성된다.

▶ 증여의 실익 판단 공식

> 증여의 실익 = 양도세 중과 예상액 − (증여세 + 수증자 취득세 + 증여 관련 부대비용)

▶ 증여재산가액 산정 기준

> 증여재산가액 = 시가(매매사례가액 또는 감정평가액)

Q 며느리나 사위에 대해서는 이월과세가 적용되지 않는다. 그 이유는?

A 증여는 주로 직계존비속 간에 발생하는 것을 고려한 조치에 해당한다. 이에 따라 현장에서는 이들을 대상으로 하는 증여가 증가하고 있다. 이때 주의할 것은 증여 후 양도금액이 증여자에게 들어가면 증여자의 취득가액으로 양도세를 재계산할 수 있다는 것이다(우회 양도 부인).

제삼자 양도(중과세) vs 증여(자녀) 의사 결정 비교

구분	양도(중과)	증여(자녀)	판단 포인트
과세 기준	양도차익	현재 시가	차익 클수록 증여 유리
세율 구조	기본세율 + 중과	증여세 누진	최고세율 구간 비교
취득세	없음	수증자 부담	증여도 취득세 있음.
자금 출처	불필요	필수(부담부 증여 시)	자녀 소득·자금 입증
사후 리스크	없음	이월과세	10년 내 양도 주의

▶ 실무 결론

- 단기 처분 예정 → 양도
- 장기보유 + 자녀 세대 분리→ 증여
- 취득가 낮고 집값이 많이 오를 경우→ 증여 쪽이 유리할 가능성 큼.

고가 2주택자의
저가고가 양도로 해법 찾기

Q 양도세 중과세가 시행되기 전에 시세 15억 원 아파트를 아들에게 11억 원에 팔려고 한다. 부모·자식 간 거래인데 계약서와 자금만 명확하면 문제가 없지 않나?

A 시가와 거래가액의 차이가 3억 원 또는 시가의 5%를 초과하면, 양도세는 시가 기준으로 재계산되고 차액에 대해 증여세가 별도로 과세된다.

판단 기준

1. 양도세 : 부당행위계산 부인

특수관계인 간 거래에서 다음 요건을 충족하면 실거래가를 부인한다.

▶ 양도세 판정 기준

(시가 - 대가) ≥ min(시가 × 5%, 3억 원)

→ 사례 : 15억 원 - 11억 원 = 4억 원 → 기준 초과

→ 양도가액을 11억 원이 아닌 **15억 원으로 재계산**

2. 증여세 : 저가 양수 이익의 증여

저가로 취득한 경제적 이익 중 일정 금액을 초과하는 부분에 증여세를 부과한다.

▶ 증여재산가액 산식

= 증여재산가액 =(시가 - 대가) - min(시가 × 30%, 3억 원)

→ 15억 원 × 30% = 4.5억 원

→ 기준금액 3억 원 적용

→ (4억 원 - 3억 원) = **1억 원 증여세 과세**

3. 취득세 : 시가인정액 기준 과세

특수관계인 간 저가 거래 시 취득세 과세표준은 실거래가가 아닌 시가인정액에 적용된다. 이 경우 양도세와 같은 5%(3억 원)의 기준을 사용한다. 참고로 시가와 거래가의 차이가 **3억 원**(또는 시가의 30%) **이상** 나면, 시가 전체를 증여로 보고 취득세를 부과하므로 주의해야 한다(지방세법 제7조 제11항. 2026년 1월 이후 취득분부터 적용).

▶ 취득세 과세표준 = **시가인정액**(감정가·유사매매사례가 등)

→ 매매가를 낮춰도 취득세 절감 효과 거의 없음.

● **핵심 산식 요약**

▶ 양도세(취득세) 부인 기준 : (시가 - 대가) ≥ min(시가 × 5%, 3억 원)

▶ 증여세 과세가액 : (시가 - 대가) - min(시가 × 30%, 3억 원)

저가·고가 양도 시 세무 체크리스트

구분	저가 양도(부모 → 자녀)	고가 양도(자녀 → 부모)
거래 특성	시가보다 낮은 금액으로 매매	시가보다 높은 금액으로 매매
적용 규정	상증세법 제35조(저가·고가 양도 이익의 증여) + 부당행위계산 부인	동일 규정 적용
양도세 처리	시가와의 차이가 5% 또는 3억 원 초과 시 시가 기준으로 양도세 재계산	동일하게 시가 기준으로 양도세 재계산
증여세 과세대상	취득자(자녀)	양도자(자녀)
증여세 과세 내용	(시가 – 거래가) 상당액에 대해 증여세 과세	(거래가 – 시가) 상당액에 대해 증여세 과세
증여세 과세 요건	시가의 70% 미만 또는 3억 원 초과 차이 발생 시	시가의 130% 초과 또는 3억 원 초과 차이 발생 시
취득세 과세표준	시가인정액 기준[*]	거래가액 기준(부당행위 아님)

[*] 시가보다 30%나 3억 원 이상 차이 나게 거래한 경우 전체를 증여로 과세한다(2026년 개정세법). 따라서 시가(감정가)를 먼저 확인한 후 해당 금액과의 차이가 5~30%(3억 원) 이상 벌어지지 않게 해야 세무상 쟁점을 비켜나갈 수 있다.

● 감정평가 적용 대상

구분	주요 내용	실무적 주의사항
적용 대상	추정 시가와 기준시가의 차이가 5억 원 넘는 경우	모든 부동산(법인 포함), 권리에 적용
감정평가 시기 (증여)	증여 전 6개월 후 ~ 3개월 내	기한을 넘기면 다른 가격 방법으로 평가될 수 있음.
감정평가 개수	기준시가 10억 원 이하는 1곳 평가 가능	10억 원 초과 시 2곳 이상의 감정가 평균 필요

주택임대사업자의
거주주택 양도 비과세 조건

Q 주택임대사업자가 실제로 거주하고 있는 주택도 1세대 1주택 비과세를 받을 수 있나? 이때 임대주택 요건과 거주주택 요건은 어떻게 결합하나?

A 가능하다. 다만, 일반적인 1주택 비과세보다 요건이 훨씬 엄격하다. 주택임대사업자의 거주주택이 비과세되기 위해서는 거주주택 자체가 1세대 1주택 비과세 요건을 충족해야 할 뿐만 아니라, 함께 보유한 **모든 임대주택이 완벽하게 임대 요건을 충족**해야 한다. 특히 다음과 같은 경우에는 거주주택 비과세가 부인된다.

- 임대료 증액이 연 5% 상한을 초과한 경우
- 임대 기간 중 공실(6개월 이상)이 발생한 경우
- 의무 임대 기간(5년·8년·10년)을 채우지 못한 경우 등

즉, 거주주택이 아무리 요건을 잘 갖추었더라도 임대주택 중 단 1채라도 요건에 흠결이 있으면 거주주택 비과세는 적용되지 않는다.

주택임대사업자의 거주주택 비과세 요건(매입 임대)

구분	핵심 요건	비고
1. 거주주택 (파는 집)	① 2년 이상 거주(전국)	횟수 제한 없이 계속 적용 가능 (단, 직전 거주주택 비과세 후 새로 2년 거주해야 함)
	② 말소일로부터 5년 이내에 처분	말소된 주택 및 보유에 따라 처분기산 점이 변동함.
2. 임대주택 (남는 집)	① 지자체 + 세무서 등록	현행 유지(미등록 시 불가)
	② 기준시가 요건 (임대 개시일 기준)	수도권 6억 원 / 비수도권 3억 원 이하(6년 단기 임대 : 건설 임대는 6억 원, 매입 임대는 비조정지역 4억 원/2억 원 기준)
	③ 임대료 증액 제한	5% 증액 제한 준수 필수
	④ 의무임대 기간	등록 시점에 따라 5년·8년·10년 이상 임대할 것 (6년 단기임대는 건설 임대 및 비조정지역 매입 임대에 한함. 211페이지 참조)

주택임대사업자 필독!

양도세 중과세가 시행되면 가장 복잡해진 곳이 바로 이 부분이다. 임대요건을 충족하지 못한 상태에서 거주주택을 양도하면 비과세가 아닌 중과세로 돌변하기 때문이다. 이외에도 자동말소된 임대주택을 1~2년 이내에 처분하지 않으면 중과세할 가능성도 있어 보인다. 따라서 양도 등을 하기에 앞서 세무 점검을 반드시 받자.

주택임대사업자와 일반인과의
2년 거주 요건 차이

Q 주택임대사업자의 2년 거주 요건은 비임대사업자와 다른가? 또 상생 임대주택의 경우에는 거주 요건이 면제되나?

A 원칙적으로 거주 요건 자체는 동일하다.

주택임대사업자라고 해서 1세대 1주택 비과세를 위한 2년 거주 요건이 완화되거나 달라지지는 않는다. 한편 **상생 임대주택으로 인정**되면 해당 주택은 2년 거주 요건을 충족한 것으로 보아 비과세 적용이 가능해진다.

Q 주택임대사업자의 거주 요건도 조정지역만 적용되는가?

A 아니다. 전국적으로 적용된다.

● **거주주택과 일반주택의 비과세 2년 거주 요건**

구분	주택임대사업자	일반주택
적용 대상 지역	전국	조정지역
거주 요건	보유 기간에 2년	2017년 8월 3일 이후 조정지역 취득 시
상생 임대 시 거주 요건 면제	2년 면제	2년 면제

상생 임대는 서류가 아니라 내용으로 판단된다

상생 임대주택 요건은 ① 직전 임대차계약의 유지 기간, ② 갱신 시 임대료 5% 이내 인상, ③ 향후 임대 유지 계획 등 실질 요건 충족 여부가 핵심이다.

임대차계약서 형식만 갖추었더라도 실제 임대료 인상률이 요건을 벗어나거나 임대 기간 관리가 되지 않으면, 상생 임대주택으로 인정받지 못해 거주 요건 면제 효과도 함께 사라질 수 있다.

거주주택을 일시적 2주택으로 양도 시
비과세 여부

Q 주택임대사업자의 거주주택도 일시적 2주택 상태에서 양도하면 비과세가 가능한가?

A 가능하다. 다만, 일반적인 일시적 2주택보다 전제 요건이 훨씬 엄격하다.

주택임대사업자의 경우, 기존에 보유하던 임대주택이 임대 요건을 완벽하게 충족한 상태여야 하며, 그 전제하에 새로운 주택으로 이사하는 경우에만 **거주주택에 대해 일시적 2주택 비과세가 적용**된다.

임대 기간, 임대료 증액 상한, 공실 여부 등 임대 요건에 조금이라도 하자가 있으면, 일시적 2주택 특례는 적용되지 않고 거주주택 비과세도 함께 부인된다.

> **Expert Tip**
>
> **임대주택 요건이 전제 조건이다**
>
> 주택임대사업자의 일시적 2주택 비과세는 이사 요건이 아니라 임대주택의 적격성 여부가 출발점이다. 임대 요건을 충족하지 못한 상태에서는 아무리 이사 사유가 명확하더라도 일시적 2주택 규정을 적용할 수 없다.

거주주택 비과세는
평생 1회만 적용되는가?

Q 주택임대사업자의 거주주택 비과세는 평생 한 번만 가능한 제도인가?

A 아니다.

거주주택 비과세의 평생 1회 제한은 이미 폐지되었다. 따라서 현재는 요건만 충족하면 **횟수 제한 없이 적용**할 수 있다.

다만, 실무적으로는 현재 임대주택 등록이 가능한 대상이 비아파트로 제한되어 있어, 거주주택 비과세 제도를 활용할 수 있는 사례 자체는 **과거보다 많이 줄어든 상황**이다.

> **Expert Tip**
>
> **제도는 살아 있지만, 활용 대상은 줄었다**
>
> 거주주택 비과세는 제도적으로는 여전히 유효하지만, 임대주택 등록 대상이 제한되면서 실제 적용 가능한 사례는 사전 설계가 되어 있는 경우에 한정된다. 과거 사례를 그대로 적용하기보다는 현재의 임대사업자 제도 구조를 전제로 적용 가능성을 다시 점검해야 한다.

6년 단기임대주택,
거주주택 비과세가 가능할까?

Q 조정지역일 때 1주택 이상 보유한 상태에서 비아파트를 취득해 6년 단기임대주택을 등록했다. 제가 사는 집을 팔면 비과세가 되나?

A 안 된다.

이 경우 **6년 단기임대주택은 거주주택 비과세 배제 대상**이다. 즉, 조정지역에서 취득해 등록한 단기임대주택(6년)을 보유한 상태에서 거주주택을 양도하면 1세대 1주택 비과세가 적용되지 않고 과세되는 것이 원칙이다. 이유가 무엇인가?

소득세법 시행령 제155조 제20항(거주주택 비과세 특례)에서 규정하는 주택 수에서 제외되는 **임대주택은 장기일반민간임대주택(현 10년 이상)과 건설임대(6년), 비조정지역 매입 임대(6년)만을 의미하기 때문이다.**

정부가 소형주택 공급을 늘리기 위해 6년 단기임대 제도를 부활시켰지만, 조정지역의 경우 종부세 합산배제나 양도세 중과배제 혜택만 일부 부여했을 뿐, 가장 강력한 혜택인 거주주택 비과세 혜택도 부여하지 않았다(단, 비조정지역은 비과세 가능).

▶ 조정지역에서 취득한 경우의 현실적인 해결책(Solution)

1. 순서 바꾸기(가장 확실) : 단기임대주택을 먼저 처분해 과세(일반세율)로 신고

하고, 거주주택을 최종 1주택 상태로 만들어 비과세로 양도해야 한다.

2. 장기 전환 고려 : 가능하다면 6년 단기가 아닌 **10년 장기일반민간임대주택으로 변경 등록해** 요건(가액 기준 등)을 충족해야 거주주택 비과세가 가능하다(단, 조정지역은 유권해석이 필요하다. 211페이지 참조).

Expert Tip

6년(단기) vs 10년(장기) 임대주택 세제 혜택 비교

구분	6년 단기임대(신규 도입)	10년 장기일반민간임대
취득세 감면	O(요건 충족 시)	O
재산세 감면	O(요건 충족 시)	O
종부세 합산배제	O(조정지역 제외, 아래표 참조)	O
양도세 중과배제	O(조정지역 제외, 아래 표 참조)	O
거주주택 비과세	O(단, 조정 매입은 제외, 211 페이지 참조)	O(가능)

● **단기 민간임대주택에 대한 중과배제 요건**

구분	적용 요건	
	건설형	매입형
사업자등록	사업자등록 필요	
임대주택	아파트는 제외	
임대 기간	최소 6년	
공시가격 상한	6억 원	· 수도권 : 4억 원 · 비수도권 : 2억 원
면적 기준	· 대지 : 298㎡ 이하 · 주택 연면적 : 149㎡ 이하	–
최소 공급	2호	–
임대료증가율	5% 이하	
소재지	–	조정지역 제외

임대료 5% 상한 요건은
세목별로 같은가?

Q 임대료 5% 상한을 초과하면 어떤 세제 혜택들이 배제되나? 모든 세목에서 동일하게 적용되나?

A 같지 않다.

임대료 5% 상한은 모든 세제에서 공통 요건이 아니며, 적용 여부·판단 시점·위반 효과가 **세목별로 다르다**.

구분	적용 세목·제도	판단 기준 시점	5% 초과 시 효과
① 거주주택 비과세	소득세법	2019.2.12 이후 최초 임대차계약*	비과세 전면 배제
② 70% 장특공제·감면	조특법	2014년 이후 등록 임대주택의 최초 임대차계약	해당 감면 배제
③ 40% 장특공제	조특법	2019.2.12 이후 최초 임대차계약*	해당 감면 배제
④ 양도세 중과배제	소득세법	2019.2.12 이후 최초 임대차계약*	중과배제 불인정
⑤ 종부세 합산배제	종부세법	2019.2.12 이후 최초 임대차계약*	합산배제 배제

* 신규 등록 시에는 등록 후 계약한 것이 최초 임대료에 해당함.

Q 2년의 임대차계약 중 1년 6개월 만에 임차인이 퇴거한 경우 임대료를 5% 이내로 올려 계약해도 될까?

A 직전 임대차계약 체결일부터 1년 이상 경과한 후라면, 기존 임차인이 중도 퇴거한 때도 새로운 임차인과 직전 임대료 대비 5% 이내에서 인상하여 계약하는 것은 허용된다. 임대료 5% 상한 규정은 등록임대주택의 핵심 요건이므로 계약 전에 반드시 확인해야 한다.

Expert Tip

5% 상한은 반드시 렌트홈에서 확인해야 한다

거주주택 비과세와 관련해서는 매우 치명적이다. 임대료 5% 상한을 위반하면 거주주택 비과세는 원칙적으로 적용되지 않는다.

이 요건은 형식이 아니라 실제 임대료 변동 여부로 판단하며, **반드시 렌트홈 등록 내역 기준으로 확인해야 한다.** 특히 실무에서 자주 문제가 되는 부분은 보증금을 월세로 전환하거나 전환 비율을 조정할 때가 문제가 된다. 이때 체감 임대료는 그대로라고 생각하더라도, 법정 환산 방식에 따라 5% 초과로 판단되는 사례가 많다.

거주주택 비과세를 받으려면
반드시 5년 이내에 처분해야 하는가?

Q 거주주택 비과세를 받으려면 반드시 5년 이내에 주택을 처분해야 하나?

A 원칙적으로는 그렇다.

거주주택 비과세는 임대주택을 보유한 상태에서 거주주택을 양도하는 예외 규정이므로, 거주주택은 원칙적으로 5년 이내에 처분해야 한다. 다만, 다음과 같은 경우에는 **처분 기한의 의미가 달라질 수 있다.**

- 임대주택을 먼저 양도한 경우
- 임대주택이 말소되어 2주택 중 1주택만 남은 경우
- 보유하던 임대주택을 모두 양도한 경우

이러면 거주주택 비과세를 적용할 수 있는 시간적 제약이 완화되거나 문제가 되지 않을 수 있다. 구체적인 것은 다음 페이지의 표를 참조하기 바란다.

Q 만일 5년 후에 거주주택을 처분하면 어떤 문제가 발생할까?

A 일반과세 또는 중과세의 가능성이 있다. 참고로 현재 기준으로는 자

동말소된 임대주택(아파트 등)에 대해 양도세 중과배제를 적용받기 위한 별도의 양도 기한은 정해져 있지 않다. 따라서 말소 후 5년이 지나 팔더라도 중과세가 아닌 일반과세 적용이 가능할 것으로 보이나, 향후 정책 변화에 따라 처분기한 규정이 신설될 가능성은 여전히 존재하므로 주의가 필요하다.

Expert Tip

5년은 절대 기준이 아니라 구조의 문제다

거주주택 비과세에서 중요한 것은 단순한 5년 기한이 아니라 양도 시점에 임대주택이 남아 있는지다. **임대주택을 어떻게 정리하느냐에 따라 5년 제한은 의미를 잃을 수도, 그대로 적용될 수도 있다.**

● **말소 유형 및 재등록 여부에 따른 거주주택 비과세 기한**
(소득세법 시행령 제155조 제20항)

구분	임대주택 상태	거주주택 비과세 매도 기한	비고(실무 체크)
1. 자동말소 (기간 만료)	계속 보유	말소일로부터 5년 이내	· 5년 지나면 과세 전환 · 아파트, 단기임대 등 폐지 유형 해당
	일부 처분함 (말소 후)	말소일로부터 5년 이내	최초 말소일로부터 5년 내 양도해야 비과세 인정
	모두 처분함	기한 제한 없음.	임대주택이 없으므로 일반 1세대 1주택 규정 적용
2. 자진말소 (의무기간 1/2 충족)	계속 보유	말소일로부터 5년 이내	1년 이내(중과배제) 양도 요건 아님(주의).
3. 전환	6년 단기에서 10년 장기로 전환	기한 제한 없음.	단기에서 장기로 연결 간주

최종 1주택 비과세의 요건은
어떻게 따지는가?

Q 주택임대사업자로서 거주주택 비과세를 이미 한 번 적용받았다. 이후 새로 취득한 주택도 다시 1세대 1주택 비과세를 받을 수 있나?

A 가능하다.

거주주택 비과세를 받았다고 해서 이후의 1주택 비과세가 제한되지는 않는다. 다만, 최종 1세대 1주택의 성격에 따라 거주 요건과 비과세 적용법이 달라진다. 아래에서 이를 확인하기 바란다. 만약 이와 관련된 궁금증이 있으면 저자의 카페를 통해 해결하기 바란다.

1. 새로운 주택을 취득한 경우

새로 취득한 주택에 대해서는 **다시 처음부터 요건을 충족**해야 한다. 즉, 2년 이상 보유, 취득 당시 규제지역이라면 2년 이상 거주 요건을 새로 갖추어야 하며, 과거 거주주택이나 임대주택의 보유·거주 기간은 통산되지 않는다. 또한, 새로 취득한 주택이 반드시 임대주택일 필요는 없으며, 일반주택으로 취득하더라도 요건만 충족하면 최종 1주택 비과세 적용이 가능하다.

2. 임대주택을 거주주택으로 전환한 경우

과거 **임대주택을 최종 거주주택으로 전환해** 양도하는 경우에는 일반적인 1주택 비과세가 아니라 거주주택 비과세 특례가 적용된다. 이때 다음과 같이 비과세와 과세가 구분된다.

판단 기준

- 비과세 대상 : 거주 전환 이후 발생한 양도차익만
- 거주 요건 : **전국 공통 2년 이상 거주**
- 임대 기간에 발생한 양도차익 : 과세

→ 새로 취득한 주택의 1주택 비과세는 과거 비과세와 단절된 독립 사건으로 보아, 취득 시점부터 요건을 다시 판단한다.

반면, 임대주택을 최종 거주주택으로 전환해서 양도하는 경우에는 일반 비과세 규정이 아니라 거주주택 비과세 특례가 적용되며, **직전 거주주택 양도일 이후 발생한 양도차익만을 예외적으로 비과세**한다.

참고로 후자의 경우, 비과세 양도차익은 다음과 같이 구분한다.

→ 양도차익은 하나지만 과세 구간은 둘로 쪼개진다.

① A → B 구간 : 다주택 상태에서 발생한 차익 → 과세

② B → C 구간 : 1주택 + 거주 요건 충족 이후 차익 → 비과세

Expert Tip

거주주택 비과세 이후 최종 1주택 비과세 판단 정리

구분	임대주택 → 거주주택 전환	새로 취득한 주택
주택의 성격	과거 임대주택	신규 취득 일반주택
적용 제도	임대주택 특례	일반 1세대 1주택 비과세
비과세 대상	거주 전환 이후 차익만	전체 보유 기간 차익
차익 계산	임대 기간 차익 과세	과거 이력 무관
보유 기간	임대·거주 기간 통산	취득일부터 새로 계산
거주 요건	전국 공통 2년	취득 당시 규제 여부 기준
과거 비과세 이력	영향 있음.	완전 단절
고가주택	거주 기간 차익만 비과세	12억 원 초과분 과세

단기임대를 장기임대로 전환하면 장특공제 50~70%가 가능한가?

Q 단기임대(4~5년)를 한 뒤, 이를 8년 이상 장기임대로 전환한 경우 장특공제는 어떻게 적용되는가?

A 단기임대 기간이 모두 소멸되는 것은 아니다. 다만, 모든 경우에 인정되는 것도 아니다. 2018년 9월 13일 이전에 단기임대주택으로 등록한 때에만, 단기임대를 장기임대의 연장선상으로 보아 **단기임대 기간 중 일정 기간**(최대 5년 한도)**을 장기임대 기간에 포함해 계산한다. 한편, 2025년 6월 4일 이후에 6년 단기임대 중 건설 임대에 한해 이러한 혜택이 주어지는 것으로 보인다**(매입 임대는 장특공제 특례 폐지됨).

이에 따라 단기임대 기간과 장기임대 기간을 합산해 8년 이상 10년 미만이면 50%, 10년 이상이면 70%의 장기보유특별공제를 적용할 수 있다. 단, 임대 의무기간 위반, 중도 말소 등 요건을 충족하지 못한 경우에는 이러한 혜택이 전부 배제될 수 있다.

사례

A씨는 2014년 단기임대주택으로 등록한 후 2018년 장기임대주택으로 변경 등록했다. 이후 2026년 해당 주택을 양도할 계획이다. 이 경우, A씨에게 적용되는 장기보유특별공제율은 얼마인가?

▶ 검토

- 단기임대 시작 시점이 2018.9.13 이전
- 단기임대 → 장기임대 정상 전환
- 단기임대 기간 인정 가능(최대 5년 한도)

임대 기간을 계산하면,

- 단기임대 인정 기간 : 2014년~2018년 → 4년
- 장기임대 기간 : 2018년~2026년 → 8년
- 합계 : 12년

▶ 결론 : 단기·장기 임대 기간 합산이 10년을 초과하므로 장특공제 70% 적용 가능

Expert Tip

단기임대에서 장기임대로 전환할 때 장특공제 판단 기준

단기임대 기간이 자동으로 장기임대 기간에 포함되는 것은 아니다. 다음 요건을 충족한 경우에만 단기임대 기간 일부가 인정된다.

● 단기 → 장기 전환 시 장기보유특별공제 정리 표

구분	판단 기준
단기임대 등록 시점	2018.9.13. 이전 등록(2025.6.4. 이후 6년 건설 임대 포함 원칙)
전환 요건	단기임대에서 장기임대로 정상 변경 등록
단기임대 인정 한도	최대 5년까지만 인정(**실무 적용 시에는 정확한 인정 범위를 확인할 것**. 저자 카페 문의 환영)
합산 임대 기간 8년 이상 10년 미만	장특공제 50%
합산 임대 기간 10년 이상	장특공제 70%
임대 의무 위반·중도 말소	장특공제 특례 전부 배제

장특공제 70%는
전체 보유 기간에 적용되는가?

Q 장특공제 70% 또는 50%는 주택의 전체 보유 기간에 적용되는가? 아니면 임대한 기간에만 적용되는가?

A 임대한 기간에만 적용된다. 장기임대주택에 대한 50%·70% 장특공제는 주택을 보유한 전체 기간이 아니라, **실제로 장기임대 요건을 충족한 기간만 적용**된다(단, 임대 기간 전의 모든 양도차익에 적용될 가능성이 있다. Tip 참조).

임대 이전이나 임대 요건을 충족하지 못한 기간에 대해서는 일반 장특공제율이 적용되며, 두 구간을 기간별로 나누어 계산해야 한다.

또한, 50%·70% 장특공제를 적용받을 때는 농어촌특별세가 과세되며, 임대 기간 임대료 5% 상한, 의무임대 기간 등 모든 임대 요건을 완벽히 충족해야 한다.

사례 분석 　조특법 제97조의3 장특공제 계산 실무

기본 가정

- 보유 기간 : 16년(2010년~2026년) / 임대 기간 : 10년(2016년~2026년)
- 양도차익 : 5억 원(기준시가 상승분 : 취득 1억 원 → 등록 2억 원 → 양도 3억 원)

구분	기준시가 상승분(안분 기준)	양도차익 안분액	적용 공제율	산출 공제액
① 등록 전(일반분)	1억 원 상승 (1억 원→ 2억 원) 50%	2억 5,000만 원 (5억 × 50%)	30% (보유 16년)	7,500만 원
② 등록 후(특례분)	1억 원 상승 (2억 원→ 3억 원) 50%	2억 5,000만 원 (5억 원 × 50%)	70% (임대 10년)	1억 7,500만 원
합계	2억 원 상승 (100%)	5억 원	–	2억 5,000만 원

Q 자동 말소된 임대주택에 대해 중과세 조치가 들어오면 장특공제 70% 등은 박탈되는가?

A 자동말소로 인해 임대사업자의 지위가 상실되더라도, 이미 요건을 갖춘 기간에 대한 양도차익은 보호받아야 한다는 것이 중론이다. 다만, 의무임대 기간 전후에 발생한 추가 양도차익에 대해서는 중과세율 적용 여부에 따라 장특공제 6~30%가 적용되지 않을 수 있다.

→ 이 조치가 들어온다면 보유세 압박이 이어질 수 있어 버티는 것이 상당히 어려울 수 있다.

> **Expert Tip**
>
> **2026년 시행령 개정안을 주목하라!**
>
> 현재 실무에서는 임대 기간 전과 후의 소득은 특례 공제율을 적용하지 않으나, 2026년 시행령(제97조의3) 개정안에는 당초 취득일부터 임대 기간 종료일까지의 양도차익에 대해 이를 적용한다. **이 안이 확정되면 앞의 사례에서 공제액은 5억 원의 70%인 3억 5,000만 원이 된다.** 하지만 정부는 이 개정안 대신 사례와 같은 방식으로 공제를 적용하는 것으로 확정했다(2025.2.27 공표).

장특공제 40%를
받을 수 있는 임대주택은?

Q 조특법 제97조의4에 따른 40% 장특공제를 받을 수 있는 임대주택의 요건은 무엇인가?

A 조특법 제97조의4는 일반적인 장기임대주택에 적용되는 50%·70% 장특공제와는 달리 **5년 이상 임대한 주택에 대해 6년 차 이후 임대 기간을 추가로 보상해주는 가산형 특례규정**이다. 이 특례를 적용받기 위해서는 다음 요건을 충족해야 한다.

- 기준시가 요건 : 수도권 6억 원 이하, 비수도권 3억 원 이하
- 임대 요건 : 임대사업자 등록, 5년 이상 계속 임대, 2018년 3월 31일까지 임대사업자 등록
- 임대료 상한 요건 : 임대료 증액 연 5% 이내(다만, 이 요건은 2019년 2월 12일 이후 최초 임대차계약을 체결한 주택부터 적용)

참고로 조특법 제97조의4는 '5년 임대 시 곧바로 40% 공제를 적용한다'라는 규정이 아니다.

- 1~5년 차 임대 기간 → 공제 대상 아님.
- 6년 차부터 매년 2%씩 추가, 최장 10년까지 가산 → 최대 40%

- 2010년 단기임대 등록
- 2016년 장기임대 전환
- 2018년 임대료 5% 초과 인상
- 2026년 양도

항목	판단
조특법 제97조의3(50%·70%)	임대료 상한 위반으로 배제
조특법 제97조의4(40%)	적용 가능
다주택자 중과세	배제됨(시행령 167조의3 제2항 나목).

● **조특법 제97조의3과 제97조의4 비교 정리**

구분	제97조의3(파격 혜택)	제97조의4(알뜰 혜택)
혜택 구조	일반 장특공제 대체	일반 장특공제에 추가
공제율	50% / 70%	최대 40%
의무임대 기간	8년 / 10년	5년 + 6년 차부터 가산
5% 임대료 상한	필수	2019.2.12 이후 계약분만
중과세 배제	가능	동일
실무 포인트	가장 강력하지만 요건 엄격	요건이 비교적 완화됨.

→ 장기임대주택에 적용 가능한 50%·70%·40% 장특공제 특례가 동시에 존재하는 경우, 납세자는 **그중 가장 유리한 하나를 선택해** 적용할 수 있다. 다만, 중복 적용은 허용되지 않는다.

최근의 임대주택 과세특례 3인방 비교

구분	97조의3 (장특공제 특례)	97조의4 (장특공제 추가)	97조의5 (양도세 감면)
핵심 내용	장특공제율 50~70% 적용	일반 장특공제 + 2~10% 추가	양도세 100% 감면
의무임대 기간	8년 또는 10년 이상	6년 이상	10년 이상
농특세(20%)	없음.	없음.	있음.
기준 시점	2014. 1. 1. 이후 등록	2014. 1. 1.~ 2018. 3. 31. 등록	2015. 1. 1. ~2018. 12. 3. 1 취득·등록
적용 차익 범위	임대 기간 발생한 소득	전체 양도차익	임대 기간 발생한 소득
아파트 적용	가능	가능	원칙적 제외 (8년 자동말소)
주의점	장기임대 요건 엄격 (매입 임대는 폐지)	2018.3.31. 이전 등록분만	한시 제도(종료)

주택임대사업자가 중과세를 받는
대표적인 유형은?

Q 주택임대사업자인데도 양도세 중과세를 적용받는 대표적인 경우는 무엇인가?

A 주택임대사업자라고 해서 중과세가 자동으로 배제되는 것은 아니다. 다음과 같은 경우에는 중과세가 적용될 수 있다.

1. 거주주택 양도 시 주택 수 요건을 위반한 경우 → 임대주택이 주택 수에서 제외되지 않아 다주택자로 판단

2. 자동말소된 임대주택이 실질적으로는 임대 요건을 위반한 경우→ 형식상 말소와 무관하게 중과세 대상 판단

3. 2018.9.14. 이후 조정지역에서 취득한 임대주택(최근의 6년 단기임대 포함)→ 중과배제 대상 임대주택에서 원천 제외(**6년 단기임대를 제외하고 거주 주택 비과세는 가능하지만, 중과세 대상이다.** 다음 페이지의 표를 참조하기 바란다. 주의!)

4. 임대 기간에 공실(6개월 등)이 발생한 경우→ 임대 의무기간 불충족으로 특례 배제

5. 임대료 5% 상한 요건을 위반한 경우→ 임대주택 관련 비과세·중과 배제 특례 동시 탈락

즉, 중과세 여부는 임대사업자 등록 여부가 아니라 요건 충족 여부로 결

정된다.

→ 실무에서는 등록은 되어 있었으니 괜찮을 것이라는 판단이 가장 위험하다. 임대 요건 위반은 대부분 임대 중에 이미 발생하지만, 양도 시점에 한꺼번에 드러나 중과세로 직결되는 경우가 많다.

9·13 대책 후 취득·등록한 임대주택의 세무적 지위(주의!)

- 전제 : 2018.9.14. 이후 조정지역 내 주택 취득 + 8·10년(6년 제외) 장기일반민간임대 등록(아파트 제외 등 등록요건 충족 가정)
- 2018.9.14. 이후 조정지역 내 취득분은 임대사업자 등록을 하더라도 혜택은 주되(거주주택 비과세), 혜택은 없다(중과세 배제 불가)는 이중적인 성격을 가진다. 이를 명확히 비교한 표다.

구분	① 거주주택 비과세 판단	② 양도세 중과세 판단
법적 기준	장기임대주택 요건	중과배제 주택 요건
9·13 대책 영향	영향 없음.	직격탄
취득 시기	제한 없음.	9·14 이후 취득분 배제
임대주택의 역할	거주주택 비과세 가능	일반 다주택자와 동일
양도 결과	거주주택 비과세 가능	중과세 + 장특공제 배제

● 저자 주

2018년 9월 14일 이후 조정지역에서 취득해 임대 등록한 6년 단기 임대주택과 10년 이상 장기임대주택은 종부세 과세, 양도세 중과세 적용 등의 불이익이 있으므로 매우 주의해야 한다(단, 조정지역의 6년 단기임대를 제외하고 거주주택 비과세는 가능).

자진말소된 임대주택을 양도하면 중과세가 적용되는가?

Q 임대주택을 자진말소한 경우에도 양도 시 중과세가 배제되나?

A 일정 요건을 충족하면 중과세가 배제될 수 있다.

다만, 자진말소는 모든 임대주택에 허용되는 것이 아니라, **아파트만 제한적으로 인정된다.**

자진말소 후 중과세 배제를 받기 위해서는 다음 요건을 모두 충족해야 한다.

- 임대 의무기간의 1/2 이상을 충족했을 것
- 자진 말소일로부터 1년 이내에 양도할 것

이 요건 중 하나라도 충족하지 못하면 자진말소 여부와 관계없이 중과세 대상으로 판단될 수 있다.

사례 아파트 임대주택 자진말소 후 양도 시 중과세 여부

1. 만일 의무임대 기간 8년 중 5년 임대 후 자진말소하고 8개월 내 양도하면?

    → 임대 의무기간의 1/2 이상 충족 + 1년 이내 양도 → 중과세 배제

가능

2. 8년 중 3년만 임대 후 자진말소 또는 말소 후 1년 3개월 뒤 양도하면?

　→ 요건 미충족 → 중과세 적용

Q 만일 자동말소된 아파트에 대해 처분기한을 두는 방식으로 중과세를 적용하면 어떤 불이익이 발생할까?

A 4년 단기임대의 경우 일반 임대주택과 같은 식으로 중과세 세율(장특공제 0%)이 적용되며, 8년 장기임대의 경우 중과세율+장특공제 50%(비임대기간은 0%)가 적용될 것으로 예상된다.

> **Expert Tip**
>
> **자진말소는 출구 전략이다**
>
> 자진말소는 임대주택을 언제든 자유롭게 처분할 수 있게 해주는 제도가 아니다. 임대 기간의 절반이 지난 상태에서 **임차인의 동의**를 얻어 시행할 수 있다. 단, 아파트만 자진말소가 가능하다.

말소된 임대주택을 계속 보유하면 종부세는 어떻게 되는가?

Q 자동말소 또는 자진말소된 임대주택을 계속 보유하고 있으면 종부세는 어떻게 되나?

A 말소된 임대주택은 주택 수에 다시 합산되어 종부세가 과세된다. 임대주택으로서 적용되던 종부세 합산배제 혜택은 말소와 동시에 사라진다.

따라서 말소 이후에도 해당 주택을 보유하면 **다주택자로 분류되어 종부세 부담이 많이 증가할 수 있다.**

사례 말소 후 보유 시 종부세 변화

- 거주주택 1채
- 임대주택 1채(자동말소)
- 말소 후에도 임대주택 보유 지속

→ 말소 전 : 임대주택 합산배제 → 종부세 경미

→ 말소 후 : 2주택 합산 → 종부세 과세 대상 전환

A 임대사업자의 역할이 끝났기 때문이다. 이러한 논리 때문에 의무를 다한 임대주택에 대한 양도세 중과세 적용 여부가 논란거리가 되고 있다.

Expert Tip

말소는 정리의 시작일 뿐이다

임대주택이 말소되었다고 해서 세금 문제가 끝나는 것은 아니다. 종부세 부담을 피하려면 매매나 증여를 통해 보유 구조를 정리해야 한다. 다만, **증여를 선택하는 경우에는 조특법상 임대주택 관련 장특공제·감면 혜택이 소멸**될 수 있으므로, 양도·증여 중 어느 쪽이 유리한지는 반드시 세액 기준으로 비교해야 한다.

말소되면 사업자등록도
폐지해야 하는가?

Q 임대주택이 말소되면 세무서에 등록한 사업자등록도 자동으로 폐지되나?

A 아니다. 구청의 임대사업자 말소와 세무서의 사업자등록은 서로 별개다. 세법은 2주택 이상 보유 상태에서 월세소득 등이 발생하면 사업자등록 의무를 두고 있다. 해지 시 가산세가 부과된다.

Expert Tip

자동말소 vs 자진말소 핵심 비교(4년 단기, 모든 주택과 8년 장기 아파트에 한함)

구분	자동말소(기간 만료)	자진말소(1/2 경과)
구청 절차	신청 불필요(직권 말소)	신청 필수
세무서	유지 원칙	동일
민간임대법 5%	즉시 해제	즉시 해제
임대차법 5%	갱신청구권 행사 시 적용	동일
거주주택 비과세	5년 내 매도 가능	농일
말소 후 증액	제한 없음	제한 없음

말소된 주택을 재등록하면
기존 혜택은 유지되는가?

Q 말소된 임대주택을 다시 등록하면 과거 세제 혜택이 유지되는가?

A 유지되는 것이 원칙이다. 다만, 아래와 같은 요건을 충족해야 할 것으로 보인다.

첫째, 기준시가 요건은 **재등록 후 임대개시일**을 기준으로 한다.

따라서 6억 원(지방은 3억 원) 이하의 요건을 충족하지 못하면 양도세 비과세와 중과세 배제, 종부세 합산배제 등을 받지 못한다. 단, 장특공제 특례는 기간에 맞춘 공제가 가능할 것으로 보인다.

둘째, 임대료 5% 상한률은 **재등록 후의 계약서**를 기준으로 적용한다.

재등록한 이후의 표준임대차계약서상의 임대료를 기준으로 5%를 산정하는 것이 원칙이다. 다만, 이 요건은 중요하므로 재등록 전의 임대료를 기준으로 5% 이내에서 인상하도록 하자. 이러한 요건은 임대사업 종료 시까지 지키는 것이 좋을 것으로 보인다.

셋째, **의무임대 기간은 새롭게 시작**하는 것이 원칙이다.

다만, 거주주택 비과세와 장특공제 특례 적용 시에는 종전의 임대 기간을 통산할 수 있을 것으로 보인다.

→ 임대주택의 재등록은 과거 4년 단기에서 많이 있었지만, 현재는 이

제도가 폐지되어 이에 대한 쟁점이 그리 많지 않다. 참고로 2025년 6월 4일에 시행된 6년 단기의 경우 거주주택 비과세, 장특공제 특례가 적용되지 않으므로, 이를 10년 장기임대로 전환하는 일들이 있다. 이때는 앞과 같은 원칙을 적용해 판단하면 될 것으로 보인다. 저자의 카페를 통해 문의해도 된다.

Q 조정지역에서 비아파트를 신규로 등록하면 어떤 혜택이 있는가?

A 규제지역과 비규제지역으로 세제가 다양하게 적용된다. 2018년 9월 14일 이후에 조정지역에서 취득한 비아파트의 경우 거주주택 비과세(8~10년 임대에 한하며, 6년 임대는 비과세 불가능)는 가능하지만, 종부세 과세, 양도세 중과배제 **박탈 등의 불이익**을 받는다.

Expert Tip

기존 등록 vs 말소 후 재등록 임대주택

구분	기존 등록 임대주택	말소 후 재등록 임대주택
기준시가	최초 등록 당시 기준 유지	재등록 시점 기준으로 재판정
거주주택 비과세	계속 적용	임대 지위 승계 시 유지 가능(단절 시 재검토)
양도세 중과배제	유지	재등록 시 기준시가 6억 원 초과 시 배제
종부세 합산배제	유지	재등록 시 기준시가 6억 원 초과 시 배제
장특공제	임대 전 기간 인정	계속 임대 시 기존 임대 기간 통산(실무 적용 시 확인할 것)
임대료 5% 상한	기존 계약 기준 적용	재등록 후 계약부터 연속 적용(위반 시 치명적)
임대 기간	기존 임대 기간 계속 누적	기존 기간 불인정 → 실질적 재출발(단, 거주주택 비과세와 장특공제는 합산)

→ 재등록에 따른 판단에서 실수가 발생할 수 있으므로 세무사 등을 통해 확인하기 바란다.

기존 등록 임대주택과 신규 등록 임대주택의 세제 비교(조정지역 내)

구분	과거(기존 등록 임대주택)	현재(신규 등록 임대주택)
등록 가능 주택	아파트 포함	아파트 제외(비아파트만 가능)
임대 유형	4·5년 단기 / 8·10년 장기	6년 단기 / 10년 장기
종부세	합산배제 가능	합산배제 불가 (조정지역, 매입 임대)
양도세 중과	중과배제 가능	중과배제 불가 (조정지역, 매입 임대)
장특공제	40%·50%·70% 특례 적용 가능	특례 종료(건설임대는 가능)
거주주택 비과세 연계	가능(제한 없음)	가능 (단, 조정지역 6년 매입 임대는 제외)

→ 현재 시점에서 보면 조정지역 내에서는 등록의 실익이 거의 없다(매입 임대의 경우).

거주주택 비과세가
사후에 부인되는 7가지 장면

거주주택 비과세는 신고하는 순간에 끝나는 제도가 아니다. 신고 당시에는 아무 문제 없어 보였던 거래가, 수년 뒤 세무서의 확인 과정에서 비과세가 부인되는 사례가 반복되고 있다. 다음은 실무에서 가장 자주 발생하는 사후 부인 장면이다.

① 임대주택이 형식만 등록되어 있었던 경우
거주주택 비과세는 '임대주택이 등록되어 있다'라는 사실만으로는 부족하다. **임대료 상한 5%, 임대차계약의 지속성, 공실 여부 등** 실질 요건을 충족하지 못하면, 비과세는 사후에 전면 부인된다.

② 2018년 9월 14일 이후 조정지역에서 취득한 주택을 임대주택으로 둔 경우
이 시점 이후 조정지역에서 취득한 주택은 원칙적으로 거주주택 세금을 면제받는 데는 문제가 없다(단, 6년 임대는 제외). 하지만 임대 후 이를 양도하면 중과세가 적용될 수 있다는 점에 유의해야 한다.

③ 임대료 5% 상한을 초과했으나 스스로 인지하지 못한 경우
보증금을 월세로 전환하거나 재계약 과정에서 임대료가 누적 상승하면

서 5% 상한을 초과하는 경우가 많다. 특히 렌트홈상 계약 내용과 실제 계약이 어긋나 있는 경우, 비과세 부인의 직접적인 원인이 된다.

④ 임대 의무기간을 하루라도 채우지 못한 경우

임대 의무기간은 대략이 아니라 정확의 문제다. 5년·8년·10년 중 어느 하나라도 **하루라도 부족하면** 임대 요건을 충족하지 못한 것으로 보아 거주주택 비과세 전체가 부인될 수 있다(단, 자동말소되는 아파트는 제외).

→ 2025년 6월 4일에 도입된 6년 단기임대는 거주주택 비과세 적용 대상이 아니다. 단, 비조정지역의 매입 임대와 모든 지역의 건설 임대는 비과세 대상이다. 자세한 것은 아래 표를 참고하기 바란다.

● **6년 단기임대 거주주택 비과세 가능 여부**(임대주택 취득 당시 기준)

취득 당시 주택 수	지역	매입 임대		건설 임대	
		6년 단기 매입	6년→10년 장기 전환	6년 단기 건설	6년→10년 장기 전환
무주택	비조정	○ 가능	○ 가능	○ 가능	○ 가능
	조정	○ 가능	○ 가능	○ 가능	○ 가능
1주택 이상	비조정	○ 가능	○ 가능	○ 가능	○ 가능
	조정	× 불가	△ (유권해석으로 확인할 것)	○ 가능	○ 가능

⑤ 공실 기간을 단순한 공백으로 생각한 경우

임대가 중단된 공실 기간이 발생하면 임대 의무 이행이 끊긴 것으로 판단될 수 있다. 특히 임차인 교체 과정에서 발생한 공실을 사소하게 여겼다가, 비과세 요건 불충족으로 연결되는 사례가 잦다.

● 임대주택 공실 허용 여부 – 세목별 비교표

세목	공실 규정	허용 범위	실무 판단 포인트
양도세 (거주주택 비과세·중과배제)	없음.	통상 3~6개월 내외	정당한 사유 없는 장기 공실은 임대 연속성 부인
조특법 장특공제 특례 (97조의3·5)	○ 있음.	3개월	신규 임차인 모집 기간은 인정
종부세(합산배제)	명문 규정 없음.	사실상 불문	공실 자체보다 등록 유지가 핵심
재산세	없음.	제한 없음.	과세표준 기준, 공실 무관
부가가치세	없음.	제한 없음.	주거용은 애초 면세
임대사업자 등록 유지	○ 있음.	계약 공백 허용	고의적 장기 공실은 문제
상생 임대	없음.	1개월 내 계약 공백 허용	사회 통념상의 범위

⑥ 거주주택 양도 후 5년 처분 기한을 넘긴 경우

거주주택 비과세는 일정한 처분 기한을 전제로 한다. 임대주택을 먼저 양도하거나 말소한 경우, 그 이후의 처분 기한이 달라지는데 **이를 정확히 계산하지 못하면 비과세가 소급 부인된다.**

⑦ 말소된 임대주택을 문제없는 주택으로 오해한 경우

자동말소 또는 자진말소된 임대주택이라 하더라도, 말소 이전 임대 요건을 충족하지 못했다면 비과세 부인의 원인이 된다. '말소되었으니 괜찮다'라는 판단이 가장 위험한 착각이다.

→ 거주주택 비과세가 부인되는 이유는 대부분 거주주택이 아니라 임대주택 쪽에 있다.

비과세는 살았느냐의 문제가 아니라 '임대를 어떻게 했느냐?'의 문제다. 비과세는 선언이 아니라, 끝까지 유지되어야 할 조건이다.

입주권은
왜 주택인가?

Q 입주권은 주택인가? 취득세, 보유세, 양도세에서 취급되는 방식이 다르다는데 어떤 차이가 있나?

A 입주권은 주택 그 자체가 아니라 주택이 될 권리다. 다만, 세법에서는 **세목별 과세 목적에 따라 입주권을 주택으로 보기도 하고, 그렇지 않게 보기도 한다.**

1. 취득세

승계조합원이 입주권을 매수할 때는 건물이 존재하지 않으므로 토지분에 대해서만 취득세(4.6%)를 납부한다. 그러나 이후 다른 주택을 취득하는 경우에는, 해당 입주권이 주택 수에 포함되어 **취득세 중과 여부를 판단하는 기준이 된다.**

2. 보유세(종부세)

건물이 멸실되어 토지 상태라면 **주택분 종부세는 과세되지 않는다.** 다만, 원조합원이 철거 이전부터 주택을 보유하던 경우에는 멸실 이후에도 재산세 등 보유세 부담이 일정 기간 이어질 수 있다.

3. 양도세

다른 주택을 양도할 때는 입주권이 **주택 수에 포함되는 것이 원칙이다**
(단, 광역시와 세종시의 군·읍·면 지역과 기타 지방 도시는 3억 원 초과 시 포함). 따라서 입
주권을 보유한 상태에서 주택을 양도하면 1주택 비과세 또는 중과세
판단에서 불리하게 작용할 수 있다.

사례

A씨는 2014년 서울에서 아파트 한 채를 취득했다. 해당 아파트는 재건
축이 진행되면서 2022년에 관리처분인가를 받고, 2023년에 건물이 철
거되어 현재는 입주권 상태다. A씨는 지금은 건물이 없으니 주택이 아
니라고 판단해, 2025년에 다른 아파트 한 채를 추가로 취득했다. 그러
나 세법상 입주권은 주택 수에 포함되므로, A씨가 2025년에 취득한 아
파트는 2주택자로 판단되어 취득세 중과 대상이 되었다(단, 일시적 2주택 일
반과세 가능).

Expert Tip

원조합원 vs 승계조합원 핵심 비교

구분	원조합원	승계조합원
취득 시점	관리처분 전	관리처분 후
지위	권리 원시취득	입주권 승계 취득
입주권 취득세	없음.	토지분 4.6%
준공 시 취득세	동일(2.8%, 추가분담금 기준)	동일
보유 기간	최초 취득일부터 전부 통산	입주권·신축주택 분리
장특공제	전 기간 적용(유리)	신축 후 기간만 적용

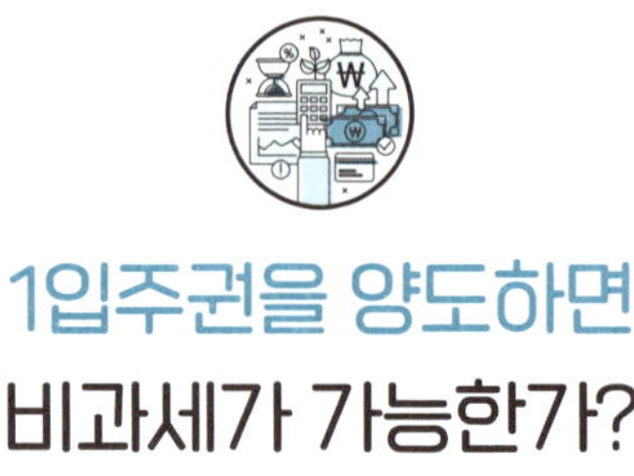

1입주권을 양도하면
비과세가 가능한가?

Q 입주권은 권리인데도 비과세가 가능한가? 적용 요건과 전매제한은 어떻게 보아야 하나?

A 가능하다.

입주권 자체는 주택이 아니지만, 세법은 일정 요건을 충족한 경우 입주권 상태의 양도도 **1세대 1주택 양도로 보아 비과세**를 인정한다(원조합원). 구체적으로는 다음과 같다.

- 양도일 현재 다른 주택이나 분양권을 보유하지 않을 것
- 관리처분계획 인가일 현재 1세대 1주택 비과세 요건(2년 보유 및 2년 거주)을 충족할 것

이 요건을 모두 갖춘 경우, 입주권 상태로 양도하더라도 양도가액 12억 원 초과분에 대해서만 과세되고 나머지는 비과세가 적용된다.

사례

A씨는 2010년 아파트를 취득해 실제 거주하다가 재개발사업이 진행되어 2021년에 관리처분계획 인가를 받았다. 인가 당시 A씨는 해당 주택 1채만 보유하고 있었고, 보유·거주 요건도 충족하고 있었다. 이후

2025년에 입주권 상태로 이를 양도했으며, 양도 시점에도 다른 주택이나 분양권은 없었다. 이 경우, A씨는 입주권을 양도했음에도 불구하고 1세대 1주택 비과세를 적용받을 수 있었다.

세법보다 먼저 국토교통부 규정을 확인하라

규제지역 내 재개발·재건축의 경우에는 조합원 지위 승계 제한 규정을 반드시 먼저 확인해야 한다. 세법상 비과세 요건을 충족하더라도, 전매제한 규정에 걸리면 매수자가 조합원 지위를 승계하지 못해 **현금 청산 대상**이 될 수 있다. 이 경우 세금 문제가 아니라, 거래 자체가 불가능해질 수 있으므로, 계약 전 국토부·정비사업 규정을 먼저 검토해야 한다.

● 입주권 사수를 위해 반드시 체크해야 할 4가지 법리

구분	핵심 내용 및 필수 체크 사항	주의점
양도 제한 시점	· 재건축 : 조합설립인가일 · 재개발 : 관리처분인가일	사업별 규제 시점을 공고문으로 반드시 대조
10/5 예외 법칙	1세대 1주택자 10년 소유, 5년 거주 시 승계 가능	상속이나 이혼 등 부득이한 사유는 입증 서류 필수
공동명의 리스크	공동소유자 전원이 10년 보유 및 5년 거주 충족	대표자 한 명이면 된다는 말은 절대 금물
현금 청산 여파	지위 승계 실패 시 강제 청산 (양도세 발생)	비과세 미충족 시 양도세와 취득세 리스크 동시 발생

1입주권을 양도하면
중과세가 적용되는가?

Q 입주권을 양도할 때 다주택자라면 양도세 중과세가 적용되나?

A 적용되지 않는다.

입주권은 세법상 주택이 아니라 권리로 분류되므로, 입주권 자체를 양도할 때는 다주택자 중과세가 적용되지 않는다.

다만, 주의할 점은 보유 기간이다. 입주권은 **단기 양도 시 중과세율에 준하는 높은 세율**이 적용된다.

- 보유 기간 1년 미만 : 70%
- 보유 기간 1년 이상 2년 미만 : 60%
- 2년 이상 보유한 경우에는 일반 누진세율(6~45%)이 적용된다.

> **Expert Tip**
>
> **입주권은 중과는 없지만, 장특공제도 없다**
>
> 입주권은 주택이 아니므로, 2년 이상 보유하더라도 장특공제는 적용되지 않는다. 다만, 원조합원의 경우에는 철거 전 기존 주택에서 발생한 양도차익 부분에 대해서는 장특공제가 적용될 수 있다. 따라서 입주권 양도 시에는 전체 양도차익을 하나로 보지 말고, 기존 주택분과 입주권분을 구분해 계산해야 한다.

입주권과 주택을 동시 보유 시
비과세 경우의 수는?

Q 입주권과 주택을 동시 보유한 경우, 입주권과 주택에 대한 비과세 적용법이 까다롭다. 이를 가장 잘 이해할 수 있는 원리가 있는가?

A 입주권과 주택을 함께 보유한 경우 **비과세 판단의 핵심은 원조합원인지, 승계조합원인지에 따라 출발점을 달리하는 것이다.** 원조합원은 '입주권을 종전 주택의 연속'으로 보고, 승계조합원은 '입주권을 장래 주택을 취득할 수 있는 권리로 본다'라는 세법의 시각 차이가 모든 경우의 수를 갈라놓는다.

1. 원조합원(입주권 보유 중 → 주택 취득)

원조합원은 기존 주택이 재개발·재건축으로 형태만 바뀐 것으로 보아 입주권을 주택의 연속선상에서 판단한다.

이 경우, 다음 **2가지 비과세 경우의 수**가 존재한다.

① 일시적 2주택에 따른 비과세

입주권을 보유한 상태에서 주택을 추가 취득한 경우, 일시적 2주택 요건을 충족하면 입주권 양도 시 비과세가 가능하다. 다만, 원조합원의 입주권이 완공되어 주택이 된 이후에 대한 별도의 비과세 특례는 없다.

② 사업 시행 중 대체주택 비과세 특례

재개발·재건축 공사 기간 중 거주할 주택이 없어 부득이하게 주택을 취득한 경우, 대체주택에서 1년 이상 거주하면 비과세가 가능하다. 이 경우 다음과 같은 요건을 갖춰야 한다.

- 완공 후 3년 이내 전입할 것
- 1년 이상 거주할 것
- 완공 후 3년 이내 종전 주택을 양도할 것

2. 승계조합원(주택 보유 중 → 입주권 취득)

승계조합원은 입주권을 종전 주택의 연속이 아니라 새로 취득한 권리로 본다.

이 경우 비과세는 **다음 두 갈래**로 나뉜다.

① 일시적 2주택에 따른 주택 양도 비과세

주택을 먼저 보유한 상태에서 입주권을 취득한 경우, 일시적 2주택 요건을 충족하면 종전 주택 양도 시 비과세가 가능하다.

② 완공주택으로 이사하는 경우의 특례

입주권이 완공되어 주택이 된 후 해당 주택으로 이사하는 경우, 다음 요건을 모두 충족해야 한다.

- 완공 후 3년 이내 전입할 것
- 1년 이상 거주할 것
- 완공 후 3년 이내 종전 주택을 양도할 것

조합원과 승계조합원의 비과세 경우의 수

보유 형태	원조합원	승계조합원
1. 입주권 비과세 가능	가능	불가능
2. 주택 + 입주권이 동시에 있는 경우	일시적 2주택	일시적 2주택+완공 후 이사 조건 비과세 특례
3. 사업 시행 중 대체주택	가능	불가능

공사 중에 대체주택을 취득해 양도하면
비과세가 가능한가?

Q 살던 집이 재개발·재건축 공사에 들어가 이사를 해야 한다. 공사 기간 중 취득한 대체주택을 양도할 때 비과세를 받을 수 있나? 요건은 무엇인가?

A 가능하다.

재개발·재건축으로 기존 주택에 거주할 수 없게 된 경우, 일정 요건을 충족한 대체주택에 대해서는 1세대 1주택 비과세 특례가 적용된다(**원조합원에 한함**).

요건은 다음과 같다.

● 재개발·재건축 대체주택 비과세 특례 요건

구분	세부 요건
1. 1세대 1주택 보유	· 원칙 : 대체주택 취득 시 1주택 보유해야 함. · 예외 : 대체주택 취득 시 일시적 2주택, 일반주택+상속주택(재산-2969, 2008.09.29), 일반주택+농어촌주택(서면-2024-부동산-0186, 2024.11.19)도 1주택으로 보유로 간주 ※ 기타 합가 등의 사유는 개별적으로 확인하기 바람.
2. 대체주택 취득 시기	사업 시행인가일 이후에 취득할 것
3. 대체주택 거주 요건	대체주택 취득 후 1년 이상 거주할 것

4. 신축주택 거주 요건 (사후 관리)	신축주택 완공 후 3년 이내에 세대 전원이 이사해서 1년 이상 계속 거주할 것
5. 대체주택 양도 시기	신축주택 완공 전, 또는 완공 후 3년 이내에 양도할 것
6. 대체주택 양도 시 주택 수	· 원칙 : 1주택 · 예외 : 2주택 이상 시 적용 불분명(아래에서 별도 확인)

이 요건을 모두 충족하면 대체주택을 양도하더라도 비과세가 적용된다.

Q 대체주택 양도 시 공사 중에 있는 입주권(또는 완공된 주택)만 있어야 하는가?

A 원칙적으로 그렇다. 하지만 과세당국은 다양한 해석을 통해 1주택 이상을 보유한 경우에도 비과세를 적용하고 있다. 228페이지를 참조하기 바란다.

사례

A씨는 2012년 취득한 아파트에서 거주하다가 재건축이 진행되어 2021년에 사업 시행인가를 받았다. A씨는 2022년에 인근 아파트를 대체주택으로 취득해 1년 이상 거주했고, 재건축 아파트는 2025년에 준공되었다. 이후 A씨는 2026년에 재건축 아파트로 이사해 1년 이상 거주한 뒤, 공사 기간 거주했던 대체주택을 양도했다. 이 경우, A씨는 대체주택에 대해 1세대 1주택 비과세를 적용받을 수 있었다.

사업 유형별 대체주택 비과세 특례 적용 여부

재건축사업 등 유형에 따라 대체주택 비과세 특례가 적용되는지를 확인하면 다음과 같다.

구분	사업 명칭	근거 법률	적용 여부	비고
일반 정비사업	재개발사업	도시 및 주거환경정비법(도정법)	적용(O)	가장 대표적인 적용 대상임.
	재건축사업		적용(O)	
소규모 정비사업	소규모 재건축	빈집 및 소규모주택 정비에 관한 특례법 (소빈집법)	적용(O)	과거에는 불분명했으나, 세법 개정으로 적용 대상에 명확히 포함됨.
	소규모 재개발		적용(O)	
	가로주택 정비 사업		적용(O)	
	자율주택 정비 사업		적용(O)	
기타 사업 (유사 정비사업)	리모델링 사업	주택법	불가(X)	'건축물의 노후 억제'가 목적일 뿐, 세법상 정비사업으로 보지 않음(가장 주의할 점).
	지역주택조합	주택법	불가(X)	조합원이 땅을 사서 짓는 사업으로, 도정법상 정비사업이 아님.
	도시개발사업	도시개발법	불가(X)	주로 나대지나 대규모 구역을 개발하는 사업으로, 대체주택 특례 대상인 '기존 주택의 멸실 및 재건축' 개념과 다름.

→ 대체주택 비과세 특례는 재개발·재건축사업을 전제로 한 규정이다. 소규모 재건축이나 가로주택정비사업의 경우에는 사업 방식과 규모에 따라 적용 여부가 달라질 수 있으므로, 단순히 공사 중 이사라는 이유만으로 대체주택 비과세가 된다고 판단해서는 안 된다. 반드시 해당 사업이 세법상 대체주택 특례 대상인지 먼저 확인해야 한다.

대체주택 양도 시 다른 주택이 있으면 중과세가 적용되는가?

Q 대체주택을 양도할 때 상속주택이나 분양권, 임대주택 등이 함께 있다면 다주택자로 보아 중과세가 적용되나?

A 대체주택 비과세 요건을 충족했다면 비과세가 적용되며, 중과세도 문제가 되지 않는다.

다만, 대체주택 비과세 요건을 충족하지 못해 과세로 전환되는 경우에는 이야기가 달라진다. 이 경우에는 상속주택(상속 후 5년 이내 등 중과 제외 요건 충족분)이나 임대주택 등 중과 제외 주택을 제외하고도, **규제지역 내 다주택자에 해당하면 중과세가 적용될 수 있다**(다음 페이지의 표 참조).

> **사례**

B씨는 재건축으로 인해 대체주택을 취득해 거주하던 중, 신축 아파트로 이사한 뒤 대체주택을 양도했다. 그러나 신축 아파트로 이사한 후 1년을 채우지 못한 상태에서 대체주택을 먼저 매도해 비과세 요건을 충족하지 못했다. 이 과정에서 B씨가 보유하던 다른 일반주택이 주택 수에 포함되면서, 대체주택 양도는 중과세 대상이 되었다.

보유 자산 유형과 대체주택 비과세 적용

보유 구조 (대체주택 취득 시점 기준)	1주택 인정 여부	비과세 가능 여부	비고
재건축주택 + 대체주택	○	○	기본적인 비과세 모형 (최종 이렇게 주택 수 조절하면 안전)
재건축 + 상속주택 + 대체	○	○	상속주택은 주택 수 제외 인정 (재산-2969 등)
재건축 + 농어촌(소득세법) + 대체	○	○	주택 수 제외 특례 가능
재건축 + 농어촌(조특법) + 대체	×	×	감면 특례일 뿐, 대체주택 1주택 판정 에는 미적용(확인 바람).
재건축 + 등록임대 + 대체	○	○	거주주택 비과세 중첩 인정
재건축 + 일반주택 + 대체	×	×	일반주택 존재 시 1주택 요건 미충족
재건축 + 분양권(21년 이후) + 대체	×	×	의제 주택 규정으로 2주택 판정
재건축 + 혼인/동거합가 + 대체	△	△	합가 특례 자동 준용 아님(개별 판단)
재건축 + 상속 + 일반 + 대체	×	×	일반주택 존재 시 비과세 구조 붕괴

→ 대체주택 비과세는 재개발·재건축되는 그 집(A) + 공사 기간에 살 대체주택(B)이 구성일 때만 안전하게 적용된다. 그 외에 C, D가 붙으면 비과세가 날아갈 수 있다고 생각하고 접근하는 것이 세금을 아끼는 지름길이다. 다만, 대체주택 취득 시점에서는 일시적 2주택이나 상속주택, 농어촌주택 등의 예외를 대체주택 규정에도 적용해주는 것이 국세청의 시각이나, 양도 시에는 이에 대한 혼란이 있으므로 **실무 적용 시에는 각별한 주의가 필요하다.**

1+1 재건축·재개발과 비과세
그리고 중과세

Q 강남 대형 아파트를 재건축하며 1+1 분양을 선택했다. 1채는 거주하고, 전용 60㎡ 이하 소형주택은 완공 즉시 매도하려 했는데 3년간 팔 수 없다는 이야기를 들었다. 정말 매도가 불가능한가? 그 사이 종부세 부담은 어떻게 되는가?

A 1+1 분양을 선택한 순간, 소형주택은 일정 기간 팔 수 없는 주택이 되고, 2채를 모두 보유한 상태로 세금을 감당해야 하는 구조에 들어간다.

1. 확정적 다주택자 지위와 3년 전매제한

전용면적 60㎡ 이하로 공급받은 주택은 '도시 및 주거환경정비법'에 따라 이전고시일 다음 날부터 **3년간 전매가 금지**된다. 상속 등 극히 예외적인 경우를 제외하면 처분할 수 없으므로, 이 기간에 발생하는 종부세·재산세 부담과 현금 흐름을 사전에 감내해야 한다.

2. 비과세는 마지막 한 채에서만 검토

1+1로 취득한 2채 중 먼저 파는 주택은 예외 없이 과세된다. 1세대 1주택 **비과세는 오직 마지막에 남은 한 채**를 양도할 때만 검토 대상이 된다.

3. 중과세도 적용 가능

1+1 2채를 가진 상태에서 1채를 먼저 양도하면 중과세가 적용될 수 있다.

4. 취득가액 안분은 필수 작업

종전 주택 하나의 취득가액과 총 분담금을 2채의 신축주택에 합리적으로 안분해야 한다.

안분 기준은 원칙적으로 **관리처분계획상의 권리가액 비율이 합리적인 기준**으로 인정되며, 실무에서도 이를 기준으로 나누는 것이 일반적이다. 과거에는 분양가 비율이나 면적 비율을 적용하기도 했으나, 최근에는 권리가액 비율 방식이 보다 타당한 기준으로 정착되고 있다.

이 작업을 미리 정리해두지 않으면 향후 양도 시 과세표준 산정 과정에서 분쟁의 원인이 될 수 있다. 따라서 권리가액 비율로 안분한 자료는 관리처분계획서, 분양계약서, 조합 정산 내역 등을 근거로 반드시 서면으로 정리해두는 것이 좋다.

→ 취득가액 안분기준에 대해서는 **여전히 논란이 있으므로** 실무 적용 시 주의를 요한다.

1+1 분양 조합원 실무 체크리스트(2026년 기준)

구분	주요 요건 및 실무 포인트	핵심 주의사항
소형주택 전매제한	60㎡ 이하 주택은 3년간 전매 금지	위반 시 법적 리스크 발생
다주택자 진입	신청 시점부터 확정적 다주택자 간주	고율의 종부세 등 보유세 대책 마련 필수
취득가액 안분	관리처분인가 당시 가액 배분표 기준(최근 동향)	향후 양도세 계산의 절대적 기준점
입주권 거래	입주권 상태에서 권리 쪼개기 매매 불가	반드시 두 권리를 묶어서 통매각해야 함.
양도 순서 전략	먼저 파는 집은 무조건 과세	거주 주택과 투자 주택 중 매도 순서 최적화

분양권도
주택인가?

Q 양도세에서 분양권은 언제부터 주택 수에 포함되나?

A 분양권은 취득 시점에 따라 주택 수 포함 여부가 달라진다. 즉 **2021년 1월 1일**(취득세는 2020.8.12) **이후 취득한 분양권**부터 다른 주택을 양도할 때 주택 수에 포함된다. 반대로 2020년 12월 31일 이전에 취득한 분양권은 주택 수에서 제외된다. 여기서 취득 시점은 일반적으로 당첨일(또는 분양권을 양수한 날)을 기준으로 판단한다.

> **사례**

1. A씨는 2020년 11월 아파트 분양에 당첨되어 분양권을 취득했고, 이후 2026년에 기존 아파트를 양도했다. 이 경우, A씨의 분양권은 주택 수에 포함되지 않아 1주택자로 판단된다.

2. 반면 B씨는 2021년 2월 동일하게 분양권을 취득한 뒤 기존 주택을 양도했는데, 이 분양권은 주택 수에 포함되어 다주택자로 판단될 수 있다. 당첨 시점이 하루 차이로 세금 결과가 완전히 달라진 사례다.

분양권 세금 비교

구분	취득세	양도세
주택 수 포함 기준일	2020.8.12. 이후 취득	2021.1.1. 이후 취득
과세 시기	준공·잔금 시	분양권 상태로 양도 시
적용 세율	주택 유상 매매 1~12%	단일 중과세율 : 1년 미만 70% / 1년 이상 60%
세율 판단 기준일	계약일 기준	양도일 기준
비과세	없음.	분양권 자체는 비과세 불가

1분양권을 양도하면
중과세가 적용되는가?

Q 분양권을 팔면 세율이 70%, 60%라는데, 너무 센 것 아닌가? 다주택 중과세인가?

A 다주택 중과세가 아니라 단기 보유 중과세율이다. 분양권은 보유 기간에 따라 다음과 같은 **고율의 세율이 적용된다.**

- 보유 기간 1년 미만 : 70%
- 보유 기간 1년 이상 : 60%

이 세율은 지역이나 주택 수와 관계없이 **전국 공통으로 적용된다.**

사례

C씨는 분양권을 취득한 지 8개월 만에 이를 양도했다. C씨는 1주택자였지만, 분양권 보유 기간이 1년 미만이었기 때문에 양도차익 전부에 대해 70%(지방세 포함 시 77%)의 세율이 적용되었다. 이는 다주택 중과가 아니라 분양권에 대한 단기 보유 중과세율 적용 결과다.

따라서 분양권의 경우, 등기 후 주택으로 전환한 후 2년 이상 보유한 상태에서 양도해야 일반과세를 적용받는다.

분양권과 주택을 동시 소유하면
비과세가 가능한가?

Q 주택 한 채와 분양권 하나를 함께 보유하고 있다. 이 경우 1가구 1주택 비과세가 가능한가? 입주권과 요건은 같은가?

A 분양권과 주택을 함께 보유한 때도 일정 요건을 충족하면 **비과세가 가능하나,** 적용 범위와 전제 조건에 차이가 있다.

1. 기본 요건

주택을 먼저 취득한 뒤 1년 이상 지난 후 분양권을 취득하고, 분양권 취득일로부터 3년 이내에 기존 주택을 처분하면 비과세가 가능하다.

2. 3년을 초과한 경우

기존 주택을 3년 이내에 처분하지 못한 경우에는, 분양권에 따른 신축 주택이 완공된 후 3년 이내에 세대 전원이 이사하고 1년 이상 계속 거주해야 비과세가 인정된다.

3. 적용 대상의 제한

이러한 분양권 특례는 2021년 1월 1일 이후 취득한 분양권에만 적용된다. 그 이전에 취득한 분양권에는 해당 규정이 적용되지 않는다.

1. A씨는 2018년에 아파트 1채를 취득해 거주하던 중, 2022년에 분양권 하나를 추가로 취득했다. 이후 A씨는 분양권 취득 후 3년 이내에 기존 아파트를 양도했다. 이 경우, 비과세가 가능한가?

→ 2021년 1월 1일 이후 취득한 분양권은 양도세 계산 시 주택 수에 포함된다. 따라서 A씨는 **1주택 + 1분양권 상태인 2주택자**가 되지만, 소득세법 시행령 제156조의3에 따라 분양권 취득 후 3년 이내에 종전 주택을 팔면 비과세 특례를 적용받는다(일시적 2주택과 유사한 논리).

2. B씨는 2022년에 분양권을 취득한 후 2026년에 조정지역에서 주택을 취득하려고 한다. 취득세율은 1~3%가 적용되는가?

조건부로 가능하다. 일시적 2주택에 해당하기 때문이다.

구분	원칙(단순 취득)	예외(일시적 2주택 활용)
적용 세율	8%(중과세)	1~3%(기본세율)
조건	기존 분양권 계속 보유	분양주택 완공 후 취득일로부터 3년 내에 둘 중 하나의 주택 처분
비고	취득세 신고 시 즉시 납부	처분 기한 내 못 팔면 부족 세액(차액) + 가산세 추징

Expert Tip

분양권과 취득세 주택 수 계산 시점

분양권은 입주권과 달리 멸실 개념이 없으며, 취득 시점 자체가 주택 수 산정의 출발점이 된다. 따라서 분양권의 주택 수 포함 여부는 잔금일이나 입주 시점이 아니라, 당첨일 또는 분양권 취득일(전매는 잔금 청산일)을 기준으로 판단해야 한다.

분양권과 주택 소유 시
중과세 판단(지방 vs 수도권)

Q 분양권이 주택 수에 포함될 때, 지방 주택을 보유한 경우에는 수도권과 차이가 있나?

A 세목에 따라 판단 기준이 다르다.

1. 취득세 기준

취득세에서는 수도권 외 지역의 공시가격 2억 원 이하 주택은 주택 수에서 제외되나, 2020년 8월 12일 이후 취득한 **분양권은 지역 및 면적 불문하고 주택 수에 포함된다.**

2. 양도세 기준

양도세의 1주택 비과세 판단에서는 가액과 지역을 불문하고, 2021년 1월 1일 이후 취득한 분양권은 모두 주택 수에 포함된다. 지방이라는 이유로 제외되지 않는다. 다만, 광역시와 세종시의 군·읍·면 지역과 기타 지방 도시는 공급가격 3억 원 이하의 분양권은 조정지역의 주택에 대한 중과세 판단 시 주택 수에서 제외된다.

1. A씨는 최근 분양권을 2개 가지고 있는 상황에서 수도권에서 1주택을 취득했다. 이 경우, 주택 취득 시 몇 주택이 되는가?

분양권도 주택 수에 포함되므로 3주택이 된다.

2. C씨는 지방에 공시가격 2억 원 이하의 주택 1채와 2022년에 취득한 분양권을 보유하고 있었다. 이후 수도권 주택을 양도하면 비과세를 받을 수 있는가?

양도세에서는 취득세처럼 주택 수에서 차감되는 것들이 제한되어 있다. 따라서 이 경우에는 3주택 상태가 되어 비과세가 적용되지 않는다.

Expert Tip

취득세 주택 수 산정 기준 및 가격 요건 총정리(2026년 기준)

구분	① 대상 지역	② 금액 기준 (시가표준액)	③ 대상 물건	④ 정비구역
수도권 저가주택	수도권 내 전체	1억 원 이하	주택 주거용 오피스텔	포함됨 (제외 불가).
지방 저가주택 (2025 개정)	수도권 밖 전체	2억 원 이하	주택	포함됨 (제외 불가).
오피스텔	전국(지역 무관)	1억 원 이하	주거용 오피스텔	포함됨 (제외 불가).
주택분양권· 입주권	전국(지역 무관)	없음. (2020.8.12. 이후 취득분)	주택 분양권	포함됨 (제외 불가).

입주권과 분양권,
대표적인 세금 함정 77가지

1. 입주권 장특공제의 착각

승계조합원은 입주권 상태로 양도하면 장특공제가 적용되지 않는다. 입주권은 주택이 아닌 권리이기 때문에, 보유 기간이 아무리 길어도 공제율은 0%다. 다만, 원조합원의 경우에는 철거 전 **기존 주택에서 발생한 차익 부분만 장특공제가 적용**될 수 있으므로, 동일한 입주권이라도 취득 형태에 따라 세금 결과가 완전히 달라진다.

→ 입주권을 양도하기 전에 장특공제 적용의 효과를 잘 분석해야 한다. 입주권 양도 시점에 차익이 많이 발생하면 생각보다 양도세가 많이 나온다.

2. 멸실 시점에 대한 오해

집이 철거되었다고 해서 그 시점부터 바로 입주권이 되는 것은 아니다. 세법상 기준은 건물 멸실일이 아니라 **관리처분계획 인가일**이다. 이 날짜를 기준으로 주택인지, 입주권인지가 갈리며, 주택 수 계산과 비과세 요건 판단도 모두 이 시점을 중심으로 이루어진다. 멸실일 기준으로 판단하면 거의 항상 오류가 발생한다.

3. 입주권 대체주택 취득 시기의 함정

입주권과 관련된 대체주택 비과세는 반드시 사업 시행인가일 이후에 취득한 주택이어야 한다. 사업 시행인가일 이전에 취득한 주택은, 실제로 공사 때문에 이사했더라도 대체주택으로 인정되지 않는다. 어차피 공사 때문에 산 집이라는 사정은 세법에서 고려되지 않는다.

4. 분양권 비과세의 거주 요건 함정

분양권 특례로 1세대 1주택 비과세를 받으려면, 신축주택 완공 후 반드시 세대 전원이 해당 주택으로 이사해 1년 이상 거주해야 한다.

주소 이전만 해두고 실제 거주하지 않거나, 일부 세대원이 남아 있는 경우에는 비과세가 부인된다. 분양권은 권리니까 거주 요건이 느슨할 것이라는 생각이 가장 흔한 착각이다.

5. 분양권 단기 보유 세율의 함정

분양권은 2년을 보유해도 일반세율이 적용되지 않는다.

보유 기간이 1년 미만이면 70%, 1년 이상이면 60%의 고율 세율이 적용된다. 분양권에는 일반 누진세율(6~45%) 구간 자체가 없으며, 등기 전까지는 보유 기간이 길어져도 세율이 낮아지지 않는다.

6. 오피스텔 분양권에 대한 오해

주거용으로 설계된 오피스텔이라 하더라도, 분양권 상태에서는 주택 수에 포함되지 않는다.

실제 사용(주거용 사용 개시) 이전까지는 주택으로 보지 않기 때문이다. 다만, 사용 개시 이후에는 주택 수 포함 여부가 문제 될 수 있으므로, 분양권 단계와 사용 단계는 명확히 구분해야 한다.

7. 전매제한과 비과세의 충돌

비과세를 받기 위해서는 3년 이내 처분 요건을 맞춰야 하는데, 전매제한 기간이 이보다 더 길어도 세법은 이를 자동으로 배려해주지 않는다. 전매제한 때문에 팔 수 없었다는 사정만으로 비과세 요건이 연장되지는 않으며, 관련 법령이 개정되었는지를 반드시 확인해야 한다. 세법과 국토교통부 규정은 서로 대신 책임져주지 않는다.

Expert Tip

입주권 vs 분양권 비교

구분	입주권	분양권
법적 성격	토지 포함 물권	채권(소유권 없음)
매수 시 취득세	있음 : 멸실 전 1~12% / 멸실 후 4.6%	없음(0원)
완공 시 취득세	추가분담금 × 2.8%	분양가 전액 × 1~12%
양도세율	2년↑ 기본세율(6~45%) 가능	기간 무관 중과 1년↓ 70% / 1년↑ 60%
비과세	가능(요건 충족 시)	불가
주택 수 포함	항상 포함	2021.1.1 이후 취득분 포함

→ 분양권에는 대체주택 비과세가 없다.

2주택자는 무조건
중과세율이 적용되는가?

분양권 등 모든 주택을 포함해 다주택자의 비과세와 중과세 해법에 대해 알아보자.

Q 주택이 두 채면 팔 때 무조건 세금이 많이 나오나? 중과세를 피할 방법은 없나?

A 아니다.

2주택자라고 해서 항상 중과세율이 적용되는 것은 아니다. 다음과 같은 경우에는 비과세 또는 일반세율이 적용될 수 있다.

1. 비과세가 가능한 경우

일시적 2주택, 상속주택, 합가 주택, 농어촌주택 등의 특례 요건을 충족하면 2주택자라도 1세대 1주택 비과세가 가능하다.

2. 비과세는 안 되지만 중과는 피하는 경우

비과세 요건을 충족하지 못하더라도, 양도하는 주택이 비규제지역에 있거나, 중과 유예 기간(2026년 5월 9일까지) 내에 계약하는 경우에는 다주택자 중과세율이 아닌 일반 누진세율(6~45%)이 적용된다.

즉, 2주택자는 무조건 중과가 아니라 어떤 주택을, 언제 파느냐에 따라 세율이 달라진다.

1. A씨는 서울 아파트 한 채와 부모로부터 상속받은 지방 주택 한 채를 보유한 2주택자다. A씨는 이미 2주택이니 어차피 중과라고 생각해 매도를 미뤘지만, 실제로는 상속주택 특례를 활용해 상속주택을 제외한 상태에서 일반주택을 먼저 양도하면 비과세가 가능했다.

2. 반대로 B씨는 같은 구조에서 상속주택을 먼저 양도해 특례 요건을 상실했으나 이후 일반주택을 팔 때 1주택 비과세를 받을 수 있었다. 하지만 B씨는 상속받은 주택을 처분한 것을 후회하고 있다. 매도 순서 하나로 결과가 갈린 사례다.

> **Expert Tip**
>
> ### 2주택자의 가장 큰 무기는 시간이다
>
> 2주택자에 가장 중요한 전략은 특례 기간을 관리하는 것이다. 일시적 2주택의 3년, 합가 등의 10년 등은 모두 지나가면 되돌릴 수 없는 기회다. 특히 상속주택은 시간은 구애받지 않지만, 일반주택을 먼저 양도해야 특례가 적용된다. 이를 놓치면, **비과세가 중과세로 바뀌는 순간이 온다.** 세금은 주택 수보다 타이밍에서 갈리는 경우가 더 많다.

3주택 이상자는 무조건
중과세율이 적용되는가?

Q 3주택 이상 다주택자이다. 비과세를 받을 수 있나? 4주택부터는 정말 방법이 없나?

A 무조건은 아니다.

3주택자까지는 예외적으로 비과세가 가능한 구조가 존재한다. 다만, 조건이 매우 제한적이며, **4주택 이상부터는 실무상 선택지가 급격히 줄어든다.**

1. 3주택자도 비과세가 가능한 경우

대표적인 경우가 상속주택 + 일시적 2주택 특례의 중첩 활용이다. 상속으로 인해 일시적으로 주택 수가 늘어난 상태에서, 기존 주택 간의 일시적 2주택 요건을 충족하면 3주택 상태에서도 1주택 비과세가 가능하다.

2. 4주택 이상자의 현실

4주택 이상이 되면 **비과세 특례를 중첩 적용하기가 사실상 어렵다.** 이 경우에는 다음과 같이 양도 시점의 조정지역 여부에 따라 과세 구조가 갈린다.

- 조정지역 주택 양도 시 : 중과세율(기본세율 + 30%P)
- 비규제지역 주택 양도 시 또는 중과 유예 기간 활용 시 : 일반세율

사례

1. A씨는 기존에 아파트 2채를 보유하던 중, 부모 사망으로 지방 주택 한 채를 상속받아 총 3주택자가 되었다. 이후 A씨는 기존 주택 중 하나를 먼저 양도하면서 일시적 2주택 요건을 충족했고, 상속주택 특례까지 함께 적용받아 3주택 상태에서도 비과세를 받을 수 있었다.

2. 반면 B씨는 동일하게 3주택자였지만, 상속주택을 먼저 양도해 과세가 되었고, 이후 남은 주택을 팔 때 일시적 2주택 비과세 대상이 되었다. 주택 수보다 매도 순서에 따라 세금의 차이가 발생한 사례에 해당한다.

Q 3주택자는 종부세가 중과세되는가?

A 현행 세법을 기준으로 보면 그렇다. 다만, 개인별 과세표준이 12억 원을 넘어야 중과세율 2%가 적용된다. 따라서 가격이 그리 높지 않으면 종부세 부담이 크지 않다.

→ 현행 종부세 중과세는 주택 수를 기준으로 하나, 향후 가액 중심으로 세율이 개편될 수 있다. 참고로 주택 수 기준이 국세와 지방세 간에 차이가 심하고, 국세법 내에서도 세목 및 조항에 따라 주택 수 기준이 매우 복잡하게 되어 있다. 따라서 양도세만이라도 우선 주택 수 기준을 시행령이 아닌 법에서 판단할 수 있도록 정의하는 한편, 특히 비과세 제도를 전반적으로 손질할 필요가 있다고 보인다.

비과세 특례 중첩 적용의 한계(2 중첩은 가능, 3 중첩 이상은 원칙적으로 불가)

구분	2 중첩	3 중첩 이상
결론	조건부 가능 △	원칙상 불가 △
판단 기준	법령이 명시적으로 허용한 조합인지 여부	추가 중첩을 허용하는 명문 규정이 있는지
대표 사례	일시적 2주택 + 상속주택	일시적 2주택 + 상속주택 + 동거봉양 주택
핵심	'허용된 조합인지'가 핵심	'어떤 주택을 언제 양도하느냐'가 핵심
양도 결과	요건 충족 시 비과세	순서·구성에 따라 가능 또는 불가

참고로 등록한 임대주택(요건 충족)이 있는 경우의 거주주택에 대한 중첩규정은 다음과 같이 판단하면 좋을 것으로 보인다(자세한 것은 저자의 카페 등을 참조하기 바란다).

조합 유형	비과세 가능 여부
임대주택 + 거주주택	가능 ○
임대주택 + 일시적 2주택	가능 ○
임대주택 + 상속주택	가능 ○
임대주택 + 상속 + 일시적 2주택	가능 ○
임대주택 + 동거봉양	가능 ○
임대주택 + 일반 제3주택	불가 X
임대주택 요건 미충족	불가 X

→ 이에 관한 실제 사례가 발생하면 저자의 카페를 통해 상의해도 된다.

중과세가 적용된다면
어떤 대책을 세워야 하나?

Q 도저히 중과세를 피할 수 없는 상황이다. 다른 대안은 없나?

A 중과세가 불가피하다면, 먼저 실익 분석부터 해야 한다.

세금을 줄이는 것이 목적이지, 중과를 무조건 회피하는 것이 목적은 아니기 때문이다. 실무적으로 고려할 수 있는 대안은 다음과 같다.

1. 매도를 통한 정리

중과 유예 기간이나 비규제지역 여부를 활용해 일반세율로 매도할 수 있는지부터 점검해야 한다. 차익이 크지 않은 주택부터 정리하는 것이 기본 전략이다.

2. 임대사업자 활용

비아파트(오피스텔, 다세대 등)만 임대사업자 등록을 검토할 수 있으나, 2026년 현재는 세제 혜택이 과거보다 많이 축소되어 **주된 해법으로 보기에는 한계가 있다.**

3. 법인 양도

법인으로의 이전은 과거처럼 절세 수단이 되기 어렵다. 법인세, 배당소득세, 향후 출구 전략까지 고려하면 오히려 세 부담이 커질 수 있다.

4. 자녀 증여

증여를 통해 명의를 분산하는 방식은 여전히 유효한 대안이다. 특히 장기보유 예정 자산이라면, 중과세를 감수하고 매도하는 것보다 증여 후 보유 전략이 유리할 때도 적지 않는다(단, 취득세 중과세와 증여세, 대납 증여세 세무조사 등에 유의할 것).

2026년 현재 기준으로는 증여를 통한 명의 분산이나 중과 유예 기간 내 매도가 가장 현실적인 선택지인 경우가 많다.

사례

A씨는 조정지역 내 아파트 3채를 보유하고 있었고, 어느 주택을 팔아도 중과세가 불가피한 상황이었다. A씨는 3채 중 1채를 자녀에게 증여하고, 나머지 1채를 중과 유예 기간 내 일반세율로 매도해 주택 수를 줄였다. 그 결과, 마지막 남은 주택은 1주택 상태가 되어 비과세로 정리할 수 있었고, 단순 매도만 했을 때보다 전체 세 부담을 크게 줄일 수 있었다.

→ 이러한 사례에 대해서도 AI를 활용하면 손쉽게 시뮬레이션을 할 수 있다.

> **Expert Tip**
>
> **지금 낼 세금과 나중에 낼 세금을 함께 계산하라**
>
> 증여를 검토할 때는 증여세만 보지 말고, 중과세로 매도했을 때의 양도세와 장래 상속 시 발생할 상속세까지 함께 비교해야 한다. 당장의 증여세가 더 커 보이더라도, 장기적으로는 총세액이 줄어드는 경우가 많다. 다주택자 절세는 단일 세목이 아니라 생애 전체 세금의 합계를 기준으로 판단해야 한다.

다주택자의 종부세를
부과하는 기준은?

Q 다주택자는 종부세 폭탄을 맞는다고 하는데, 부과 기준은 어떻게 되나?

A 종부세는 매년 6월 1일 현재 주택 소유자를 기준으로 부과된다. 다주택자의 경우에는 개인별로 보유한 주택의 공시가격을 합산한 뒤, 기본공제 9억 원을 차감하고 과세표준을 계산한다. 세율 적용 구조는 다음과 같다.

- 2주택 이하 : 원칙적으로 일반세율이 적용된다.
- 조정지역 내 3주택 이상 등 : 보유 주택 수와 지역 요건에 따라 상대적으로 높은 세율이 적용될 수 있다.

다만, 2026년 이후에는 주택 수 중심 과세에서 가액 중심 과세로 전환될 가능성이 논의되고 있어, **매년 개편 내용을 확인해야 한다**(PART 01 참조).

Q 주택임대사업자를 포함한 다주택자에 대한 대출 회수 조치가 논의되고 있다. 어떤 식으로 진행될까?

A 조만간 금융위원회에서 발표하는 내용을 참고하면 될 것으로 보인다.

B씨는 5월 말에 주택 한 채를 매도하기로 계약했지만, 잔금일을 6월 5일로 잡았다. 그 결과 6월 1일 기준으로는 여전히 다주택자로 남게 되었고, 매도했음에도 불구하고 해당 연도의 종부세를 부담해야 했다. 며칠 차이로 세금이 갈린 사례다.

종부세는 6월 1일이 모든 판단의 기준이다

종부세 부담을 줄이려면 6월 1일 이전에 잔금을 치러 주택 수를 줄이는 것이 가장 확실한 방법이다.

또한, **부부 공동명의를 활용**하면 인별로 각각 9억 원의 기본공제를 받을 수 있어 종부세 부담을 크게 낮출 수 있다. 종부세는 세율보다도 기준일 관리와 명의 구조에서 성패가 갈린다.

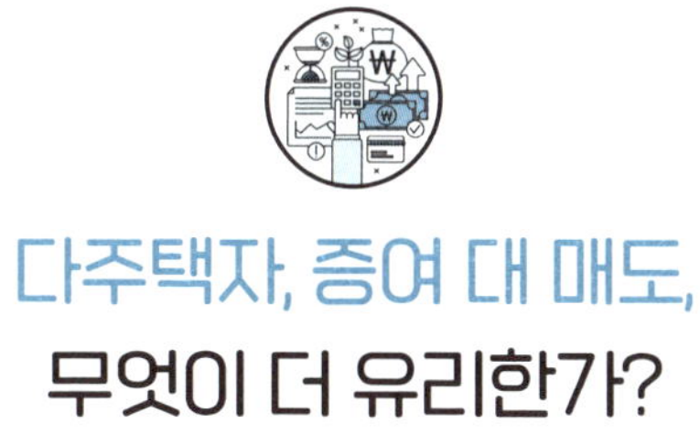

다주택자, 증여 대 매도,
무엇이 더 유리한가?

Q 집을 자녀에게 증여하는 것이 나을까, 아니면 중과세를 감수하고 매도하는 것이 나을까?

A 정답은 하나가 아니다.

증여와 매도는 비교 대상이 아니라 시뮬레이션 대상이다. 지금 내는 세금만 보면 매도가 유리해 보일 수 있지만, 장기적으로는 증여가 더 유리할 때도 많다. 핵심은 총 세 부담의 합계를 비교하는 것이다.

1. 매도를 선택하는 경우

매도는 구조가 단순하다.

양도차익에 대해 양도세를 내고 현금을 확보하면 끝이다. 다만, 다주택자라면 중과세율이 적용될 수 있고, 이 경우 세 부담이 매우 커진다.

- 장점 : 현금 확보 가능, 세금 계산이 명확
- 단점 : 중과세율 적용 시 세금 부담 급증, 자산이 가족 밖으로 유출

2. 증여를 선택하는 경우

증여는 당장의 증여세 부담이 있지만, 양도세 중과를 피하면서 자산을 이

전할 수 있다. 또한, 향후 상속 시 과세 대상 재산을 줄이는 효과도 있다.

- 장점 : 양도세 중과 회피 가능, 종부세 완화, 상속세 절감 효과, 자산을
  가족 내에서 유지
- 단점 : 취득세와 증여세 부담, 이월과세 적용으로 향후 양도세 증가 가능

즉, 증여는 단기 세금이 아니라 가족 전체의 장기 세금 구조를 바꾸는 선택이다.

사례

A씨는 조정지역 내 아파트 1채를 보유하고 있었고, 현재 양도할 경우 다주택 중과세가 적용되어 약 4억 원의 양도세가 예상되었다. 반면 같은 주택을 자녀에게 증여할 경우 증여세는 약 3억 원(이외 취득세도 추가해야 함) 수준이었고, 이후 상속재산에서 해당 주택이 제외되어 장래 상속세 부담도 줄어드는 구조였다.

A씨는 매도를 선택하면 세금을 내고 자산이 사라지지만, 증여를 선택하면 세금을 내더라도 자산은 가족에게 남는다는 점을 고려해 증여를 선택했다.

Expert Tip

증여 vs 매도, 이렇게 비교하라

증여와 매도를 비교할 때는 다음 3가지를 반드시 함께 계산해야 한다.
첫째, 지금 매도할 경우의 양도세(보유세 절감 분 포함)
둘째, 지금 증여할 경우의 증여세(취득세 포함)
셋째, 증여하지 않고 보유하다가 상속할 경우의 예상 상속세
이 3가지를 합산해보면, 눈앞의 세금이 아니라 최종 세금이 보인다. 다주택자의 절세는 얼마를 덜 내느냐가 아니라, 언제, 어떤 세금을 내느냐의 문제다.

다주택자가 법인에 증여하거나 양도하면 어떤 실익이 있을까?

Q 다주택자가 개인 보유 주택을 법인에 증여하거나 매도하면 절세가 될까? 법인 증여·양도 시 취득세 중과, 종부세, 추가 법인세까지 고려하면 실익이 있는지 판단이 어렵다.

A 2026년 현재 기준으로 보면, 법인은 절세 수단이 아니라 구조 변경 수단에 가깝다.

과거와 달리 법인에 증여하거나 매도한다고 해서 세금이 줄어드는 구조는 거의 남아 있지 않으며, **오히려 취득 단계·보유 단계·출구 단계에서 세금이 누적되는 경우가 많다.**

검토 포인트는 다음의 3가지다.

1. 법인에 증여하는 경우

법인에 증여하면 개인에게는 증여세가 과세되고, 법인에는 취득세 중과가 적용된다.

주택을 취득하는 법인은 원칙적으로 취득세 12%(농특세·지방교육세 포함)를 부담하게 된다. 이후 보유 기간 법인은 종부세 중과 대상이 되며, 주택 수와 무관하게 높은 세율이 적용된다.

또한, 법인은 주택을 보유하는 동안 발생하는 임대소득이나 처분이익에 대해 법인세를 부담하고, 이를 다시 개인이 가져가려면 배당소득세가 추가로 발생한다.

2. 법인에 매도하는 경우

법인에 매도할 경우, 개인은 양도세(중과 포함)를 부담하고, 법인은 역시 취득세 중과를 부담한다.

즉, 개인 단계에서 한 번 세금을 내고, 법인 단계에서 다시 높은 취득세와 보유세 부담이 시작되는 구조다. **과거처럼 법인으로 넘기면 끝이 아니라, 세금이 두 번 시작되는 구조에 가깝다.**

3. 법인의 출구 문제

가장 큰 문제는 출구다.

법인이 주택을 처분하면 법인세가 과세되고, 그 이익을 개인에게 이전하는 순간 다시 배당소득세가 과세된다. 결과적으로 '양도세 → 법인세 → 배당소득세'로 이어지는 **삼중 구조**가 만들어질 수 있다.

A씨는 조정지역 내 아파트 3채를 보유한 다주택자다. 개인 명의로 매도할 경우 중과세가 불가피해, 1채를 자신이 100% 지분을 가진 법인에 증여하는 방안을 검토했다.

시뮬레이션 결과, 증여 시 개인은 증여세를 부담했고, 법인은 취득세 12%를 즉시 부담해야 했다. 이후 매년 종부세 부담이 발생했고, 향후 법인이 해당 주택을 매도할 경우, 법인세와 배당소득세까지 추가로 발생하는 구조였다.

A씨는 법인으로 이전하면 당장의 양도세 중과는 피할 수 있었지만, 총 세 부담은 개인 매도보다 오히려 더 커질 수 있다는 결론에 도달해, 중과 유예 기간을 활용한 **개인 매도를 선택했다.**

법인은 절세가 아니라 관리 목적일 때만 의미가 있다

다주택자가 법인을 활용하는 것은 세금을 줄이기 위한 수단이 아니라, 장기임대 운영, 사업용 자산 관리, 상속·가업 승계 구조 설계와 같은 비세금 목적이 분명할 때에만 의미가 있다.

단순히 개인 중과가 무서워서 법인으로 넘기는 선택은, 대부분 세금의 방향만 바꾸는 선택이 된다. **법인을 선택하기 전에는 반드시 개인 보유 vs 법인 보유의 전 생애 세금 시뮬레이션을 거쳐야 한다.**

다가구주택이 다주택(다세대주택)으로
변하는 이유

Q 다가구주택은 여러 세대가 거주하는데, 왜 어떤 경우에는 1주택 비과세가 되고, 어떤 경우에는 중과세 대상이 되나?

A 다가구주택에 대해서는 2가지 관점에서 세무상 쟁점을 파악해야 한다.

1. 하나의 매매 단위

다가구주택은 건축법상 단독주택이지만, 세법에서는 **하나의 매매 단위로 보느냐가 핵심이다.** 원칙적으로 1동 전체를 하나로 양도하면 1주택으로 보아 비과세 적용이 가능하다. 그러나 구조나 사용 형태가 바뀌면 이 전제가 쉽게 무너진다.

→ 하나의 매매 단위로 양도(부담부 증여 포함)하지 않으면 단독주택이 아닌 다세대주택으로 변한다. 주의하기 바란다.

2. 4층 옥탑방의 문제

실무에서 가장 문제가 되는 중 하나가 바로 4층 옥탑방이다. 옥탑이 단순 부속 공간이 아니라 실제 거주에 사용되고, 출입·취사·생활이 독립적으로 가능하면 세법상 별도의 주택으로 판단될 위험이 있다(**면적과 무**

관하게 옥탑방이 있으면 문제가 된다).

이 경우 다가구주택 전체가 1주택으로 인정되지 않아 비과세가 부인되거나, 조정지역에서는 중과세로 전환될 수 있다.

● 다가구주택, 비과세를 깨뜨리는 4대 함정

쟁점	잘못되면 생기는 결과
옥탑이 주거용으로 사용됨.	다세대주택 간주 → 비과세 박탈 위험
매매를 쪼개서 양도	1주택 불인정 → 비과세 불가
불법 쪼개기 임대	임대등록 말소 → 세제 혜택 전면 부인
거주 요건 오해	거주 인정을 받지 못해 장특공제 축소*

* 소유자가 다가구주택의 한 호에서 거주하면 2년 거주 요건을 충족한 것으로 본다.

Expert Tip

다가구주택 주택 수 체크포인트와 대응 전략

구분	주요 체크포인트	대응 전략
층수 계산	주거용으로 사용하는 층이 3개 이하인가?	옥탑방, 지하층의 주거 사용 여부 확인
옥탑 상태	옥탑방에 취사 시설과 욕실이 있는가?	양도 전 시설 철거 및 창고화
근생 전환	1층 상가를 주택으로 개조해 쓰고 있나?	사실상 용도를 다시 상가로 원상복구
가구 수	전체 가구가 19가구 이하인가?	가구 분할 여부 확인 및 통합
입증 자료	용도 변경을 증명할 사진, 확인서가 있나?	전후 사진, 공사 확인서, 임대차계약서 정리

다중주택이
다가구주택과 다른 점

Q 수익률이 높아 보여 방이 15개나 되는 다중주택을 매수했다. 건축물대장에는 단독주택으로 되어 있고, 다가구주택처럼 전체를 하나로 팔면 1주택 비과세가 가능하다고 들었다. 그런데 세입자 편의를 위해 각 방에 싱크대와 인덕션을 설치해주었다. 이 상태로 나중에 매도하면 문제가 될 수 있을까? 원룸주택은 주택 수 계산이 까다롭다고 해서 걱정된다.

A 결론부터 살펴보면, 지금 상태로는 매우 위험하다. 각 실에 취사 시설이 설치된 다중주택은 세법상 더 이상 단독주택인 다중주택으로 보지 않을 가능성이 크고, 이 경우 전체를 하나로 팔더라도 1주택 비과세는 적용되지 않는다. 양도 시점에 이 건물은 원룸형 공동주택, 즉 다세대주택으로 재분류될 수 있으며, 그 결과 방 개수만큼의 주택을 보유한 다주택자로 판정되어 중과세 대상이 된다. 다중주택 투자에서 가장 흔하고도 치명적인 함정이 바로 이 지점이다.

판단 기준

다중주택은 다가구주택과 유사해 보이지만, 세법의 적용 기준은 훨씬 엄격하다. 다음 3가지가 주택 수 판정의 핵심 변수다.

1. 취득 단계의 착시 : 취득세와 임대사업자 등록의 불일치

다중주택은 취득 시점에는 공부상 용도에 따라 판단된다. 연면적 660㎡ 이하, 3층 이하 요건을 충족하면 주택으로 보아 취득세 기본세율(1~3%)이 적용된다. 그러나 다중주택은 다가구주택과 달리 **임대사업자 등록을 통한 세제 혜택에서 배제**되는 경우가 많아, 취득 단계에서의 주택 인식이 양도 단계까지 이어진다고 착각하기 쉽다.

2. 양도세 비과세를 무너뜨리는 결정타 : 실별 취사 시설

다중주택의 본질적 요건은 공동취사 구조다.

각 방에 싱크대, 인덕션, 가스레인지 등 독립 취사 시설이 설치되면, 세법은 이를 **다중주택이 아닌 다세대주택(공동주택)으로 본다.**

이 경우, 전체 일괄 양도하더라도 1주택이 아닌 15주택 양도로 평가되고 비과세는 배제되며, 다주택자 중과세가 적용된다.

3. 주택 수 조절의 유일한 해법 : 양도일 현재의 원상회복

비과세 판정 기준일은 양도일(잔금일)이다. 따라서 그 이전에 **다중주택 요건을 회복하면 주택 수를 되돌릴 수 있다.**

- 각 실의 취사 시설을 철거해 공동취사 형태로 복원할 것
- 일부 호실을 사무실 등 비주거용(근린생활시설)으로 실제 사용하고 있다면, 임대차계약서·사진 등으로 이를 입증할 것

양도 시점의 실질이 모든 것을 결정한다. 다중주택은 관리하면 1주택, 방치하면 다주택이 된다.

다중주택 vs 다가구주택 주택 수 판정 비교

구분	다중주택	다가구주택
건축법상 분류	단독주택	단독주택
층수 요건	3개 층 이하(필로티 제외)	3개 층 이하(필로티 제외)
취사 시설	개별 취사 불가(공동취사)	개별 취사 가능
비과세 특례	요건 충족 시 전체 1주택 간주	전체를 하나로 양도 시 1주택 간주
위반 시 리스크	다세대주택으로 보아 중과세	옥탑방 등 층수 위반 시 다세대 간주
주택 수 조절	취사 시설 철거가 필수	옥탑방 철거 또는 용도 변경

사업용 주택의
비과세와 중과세

Q 서울에 아파트 1채를 보유하고 있고, 1층 필로티 구조의 빌라 1채를 가정어린이집으로 운영하고 있다. 이번에 서울 아파트를 팔아 비과세를 받고 싶은데, 이 어린이집도 주택 수에 포함되나? 5년을 운영해야 한다는 말도 있고, 본인이 직접 거주해야 한다는 말도 있어 헷갈린다. 또 회사 명의로 보유한 직원 기숙사용 오피스텔은 주택으로 보지 않는지도 궁금하다.

A 사업용으로 사용되는 공간이라 하더라도 요건을 충족하지 못하면 주택 수에 포함될 수 있다. 특히 비과세를 적용받기 위해서는 사용 기간과 실제 운영 형태를 정확히 맞추는 것이 중요하다.

1. 가정어린이집은 기간과 거주주택이 동시에 맞아야 한다

세대원이 운영하는 **인가를 받은 가정어린이집으로 5년 이상 사용한 주택**은, 다른 거주주택을 양도할 때 주택 수에서 제외된다.

다만, 이 특례를 적용받기 위해서는 양도하는 거주주택에 대해 2년 이상 실거주 요건을 반드시 충족해야 한다.

어린이집 운영 기간이 5년에 미달한 상태에서 거주주택을 먼저 양도하더라도 비과세는 성립한다. 다만, 양도 후 5년 이상 운영을 해야 한다.

2. 사택·기숙사는 사업용임을 증명해야 빠진다

법인이 종업원의 주거를 목적으로 제공하는 사택이나 기숙사는 일정 요건을 충족하면 취득세 중과 대상에서 제외될 수 있다.

그러나 양도세 단계에서는 형식보다 실질이 문제가 된다. 종업원이 가족과 함께 거주하며 사실상 일반주택처럼 사용하고 있다면, 기숙사라도 주택 수에 포함될 위험이 있다.

이를 피하기 위해서는 사택·기숙사 운영에 관한 내부 규정, 입·퇴거 관리대장, 사업용 사용 사실을 입증할 자료를 지속해서 관리해야 한다.

→ 사택이나 기숙사에 대한 취득세, 양도세, 법인세 등의 세무상 쟁점은 저자의 다른 책을 참조하기 바란다.

3. 노인복지주택은 개인용 주택이다

노인복지주택은 '노인복지법'상으로는 노유자시설(복지시설)로 분류되지만, 세법에서는 공부상 용도와 관계없이 **실질적인 사용 현황**(실질과세 원칙)을 최우선으로 판단한다.

● **노인복지주택**(실버타운) **세금별 판단 기준 요약표**

구분	취득세	종부세	양도세
판단 기준	건축물대장 + 사실상 현황	재산세과세대장	실질 사용 현황
원칙	주택 아님 → 2.8%(승계 취득 4%의 25% 감면해 3%)	주택이면 합산	주거용이면 주택
실무 쟁점	실거주 시 주택 간주 다툼 (주거용으로 분양받으면 일반 주택에 대한 취득세 규정을 적용하므로 주의).	재산세가 주택분이면 종부세	1주택 비과세 방해

유형별 사업용 공간의 주택 수 판정 가이드

구분	주택 수 제외 요건	핵심 체크포인트
가정어린이집	5년 이상 운영 및 시·군·구인가	거주주택 2년 실거주 필수
사택·기숙사	종업원 무상 또는 저가 제공	전용면적 기준 및 사택 관리 규정
오피스텔	사실상 업무용 사용 입증	세입자 전입신고 및 부가세 신고
노인복지주택	복지시설로서 운영 및 관리	사실상 주택으로 사용 시 합산 위험
사무실·창고	주거 기능 부재(취사 시설 등)	사진 증빙 및 실질적 용도 소명

PART 09 매매사업자와 법인의 비과세와 중과세 질문

매매사업자의
세금 계산 방법

Q 부동산 매매사업자가 조정지역 내 중과 대상 주택을 매도하면, 소득세는 일반 사업소득으로 계산되나? 아니면 양도세 중과가 적용되나?

A 매매사업자는 비교과세 규정을 적용받는다.

즉, 다음 2가지 방식으로 세액을 각각 계산한 뒤, 더 큰 금액을 납부해야 한다.

1. 사업소득으로 보는 경우

해당 주택 매매차익을 사업소득으로 보아 종합소득세율(6~45%)을 적용해서 계산한 세액

2. 양도소득으로 보는 경우

같은 매매차익에 대해 양도세 중과세율을 적용해 계산한 세액(조정지역의 경우 기본세율 + 20~30%P)

결과적으로 두 계산 중 중과세율로 계산한 세액이 더 크면 그 금액을 그대로 납부해야 한다(이를 **비교과세**라고 한다). **따라서 매매사업자라고 해서 조정지역 내 중과 대상 주택의 중과세를 피할 수는 없다.**

A씨는 부동산 매매사업자로 등록되어 있으며, 조정지역 내 아파트를 단기매매 목적으로 취득했다. 해당 아파트를 매도하면서 발생한 차익은 3억 원이었다.

① 이를 사업소득으로 계산할 경우
3억 원에 대해 종합소득세 세율 38%를 적용하면, 누진공제 등을 고려하더라도 약 1억 원(지방소득세 포함)의 세액이 산출된다.

② 이를 양도세로 계산할 경우
조정지역 내 다주택자 중과세율을 적용하면, 기본세율에 30%P(3주택 중과세율 가정)가 가산되어 세액이 약 2억 원(지방소득세 포함)으로 계산된다.
이 경우 A씨는 두 금액 중 더 큰 2억 원을 납부해야 한다. 즉, 매매사업자 등록 여부와 관계없이 중과세율이 사실상 그대로 관철된 사례다.

비교 과세는 우회 절세를 막기 위한 장치다

비교 과세 규정은 매매사업자가 양도세 중과를 피하고자 사업소득으로 돌리는 것을 방지하기 위한 제도다. 따라서 조정지역 내 중과 대상 주택이 많을수록, 매매사업자 등록의 세무상 실익은 거의 없다. **매매사업자 제도는 비규제지역이나 비주택 자산에서 의미가 있으며,** 중과 대상 주택을 다수 보유한 상태에서는 절세 수단이 아니라 세금 구조만 복잡하게 만드는 선택이 될 수 있다.

양도소득과 사업소득(임대소득 포함),
소득 구분이 왜 중요한가?

Q 부동산을 팔았을 뿐인데 왜 어떤 경우에는 양도소득이고, 어떤 경우에는 사업소득이 되나? 소득 구분이 왜 그렇게 중요한가?

A 세법에서 소득 구분은 단순한 분류가 아니라 세율·공제·중과 여부를 결정하는 출발점이다. 같은 부동산 거래라도 **소득이 어떻게 분류되느냐**에 따라 세금은 전혀 다른 모습이 된다.

부동산 관련 소득은 크게 다음 2가지로 나뉜다.

1. 양도소득(개인용 자산)

자산을 일시적으로 처분하면서 발생한 소득이다. 주택·토지 등을 장기간 보유하다가 처분하는 경우가 여기에 해당한다.

- 적용 세율 : 양도세율
- 특징 : 장특공제 적용 가능, 다주택자 중과세율 적용 가능, 필요경비 인정 범위 비교적 명확

2. 사업소득(재고자산)

부동산을 반복·계속 사고파는 행위에서 발생한 소득이다. 부동산 매매

업자, 분양대행을 겸한 매매 등은 원칙적으로 사업소득으로 본다.

- 적용 세율 : 종합소득세율(6~45%)
- 특징 : 장특공제 없음, 필요경비 폭넓게 인정, 다른 소득과 합산 과세

● 소득 구분 기준

판단 요소	사업소득으로 볼 가능성	양도소득으로 볼 가능성
거래의 반복성·계속성	반복적·계속 매매	일회성 또는 간헐적인 거래
매입 목적	전매 차익 목적	거주·보유 목적
보유 기간	단기 보유 후 매도	중·장기 보유
거래 규모·횟수	다수·대규모 거래	소수·비정기적인 거래
사업자등록 여부	등록 있음 → 참고 요소	등록 없음 → 참고 요소

3. 임대소득(유형자산)

부동산 매매업용 재고자산은 대개 보유 기간이 1년 이내가 되고 부득이 2년을 넘지 않는다. 그런데 **2년 이상 보유를 하면서 임대를 하게 되면 이 자산의 성격이 변하게 된다.** 이때 다음과 같은 문제점이 발생한다.

- 유형자산은 재고자산이 아니므로 세법상 사업소득이 아닌 양도소득이 된다.
- 임대자산은 비과세 양도 시 주택 수에 포함되는 리스크가 발생한다.
- 임대자산은 중과세 판단 시 주택 수에 포함되는 것이 원칙이다.

→ 재고자산과 유형자산이 섞여 있는 경우, 반드시 전문가와 상의하기 바란다.

1. A씨는 개인 명의로 아파트를 1~2년에 한 번씩 매도해왔고, 최근 5년
간 4채의 주택을 사고팔았다. A씨는 사업자등록을 하지 않았으니 양
도소득이라고 생각했지만, 세무조사 결과 반복성과 전매 목적이 인
정되어 사업소득으로 과세되었다.

2. 반대로 B씨는 부동산 매매사업자로 등록되어 있었지만, 장기간 보유
하던 주택 1채를 처분한 거래에 대해서는 양도소득으로 인정되었다.
소득 구분은 형식이 아니라 거래의 성격으로 결정된다.

양도세 중과주택을 매매하면
사업세금은 어떻게 되나?

Q 중과세가 적용되는 주택을 매매사업자가 양도할 경우, 세무상으로 유리한가?

A 그렇지 않다. **중과주택에 대해서는 비교과세가 적용**되며, 그 결과는 보통 양도세로 귀결되기 때문이다. 따라서 중과주택을 양도하면 다음과 같이 과세 방식이 정해진다.

첫째, 세율은 양도세율 체계로 따라간다.
예를 들어 1년 미만 양도 시에는 70%와 6~45%+20~30%P 중 높은 세율로 적용된다.
둘째, 필요경비의 범위는 양도세와 같다.

● 다주택 양도와 매매업 비교과세 적용 원칙

구분	A 안(일반적 과세)	B 안(징벌적·특례 과세)	최종 적용 원칙
다주택자 양도	기본세율 6~45% + 중과세율 20~30%P(보유 2년 이상)	단기 양도세율 1년 미만 70%, 2년 미만 60%	둘 중 세액이 큰 쪽 적용
부동산 매매업	종합소득세율 6~45%(사업소득)	양도세 방식으로 계산한 세액	둘 중 세액이 큰 쪽 적용

비교과세 대상 부동산의 범위

구분	비교과세 적용 여부	핵심 판단 포인트
주택	○ 적용	다주택자·단기 보유·부동산 매매업자 모두 비교과세 구조 적용
주거용 오피스텔	○ 적용	실제 주거용이면 세법상 주택으로 간주 → 주택과 동일
분양권	○ 적용	주택 수 산정·단기 양도 중과·부동산 매매업 비교과세 모두 적용
입주권	○ 적용	분양권과 동일 취급(주택 취득 전 단계의 권리)

양도세 중과가 안 되는 주택을 매매하면
사업세금은 어떻게 되나?

Q 중과세가 안 되는 주택(비규제지역 주택 등)을 매매사업자가 양도할 경우, 세무상으로 유리한가?

A 유리한 경우가 많다.

매매사업자는 원칙적으로 비교과세 대상이지만, 양도하는 주택이 **양도세 중과배제 대상이라면 비교과세가 아닌 사업자로서 소득에 대해 일반과세가 적용되기 때문이다.**

따라서 이 경우, 다음과 같은 이점이 있다.

첫째, 세율은 6~45%를 적용받는다.

비교과세를 적용받지 않으므로 종합소득세율인 6~45%를 적용받는다(단기매매와 무관).

둘째, 경비처리를 많이 할 수 있다.

매매사업자의 경우 해당 주택은 재고자산이므로, 매입 관련 금융비용(대출 이자), 인건비, 차량 유지비, 사무실 임차료, 중개수수료 등 양도세에서는 인정되지 않는 비용까지 전액 필요경비로 인정받을 수 있다.

→ 중과가 배제된 주택에서는 매매사업자의 장점이 그대로 살아난다.

A씨는 부동산 매매사업자로, 비규제지역에 있는 다세대주택을 여러 채 매입해 리모델링 후 매도했다. 매도 차익은 2억 원이었지만, 리모델링 비용, 금융이자, 인건비, 차량 유지비 등을 합한 필요경비가 1억 원 이상 발생했다. 이를 양도세로 계산할 경우 경비 인정이 제한되어 과세표준이 크게 남았지만, 사업소득으로 계산하자 과세표준이 절반 수준으로 줄었고, 종합소득세 방식이 적용되었다. A씨는 매매사업자로 등록한 덕분에 실질적인 세 부담을 크게 줄일 수 있었다.

Expert Tip

양도세 vs 부동산 매매사업자 비용 인정 범위 비교

구분	세부 항목	양도세 (개인)	매매사업자 (사업소득)	차이점 핵심
금융비용	대출 이자	불인정 X	인정 ○	매매업 최대 장점. 사업용 자금 이자는 전액 경비
	국민주택채권 매각 차손	인정 ○	인정 ○	동일
수리·인테리어 (자본적)	발코니 확장, 섀시, 시스템 에어컨, 보일러	인정 ○	인정 ○	자산 가치 증가 공사는 동일
수리·인테리어 (수익적)	도배, 장판, 욕실, 싱크대, 도색, 방수	불인정 X	인정 ○	결정적 차이. 매매업은 상품 유지·보수 비용
거래 비용	중개수수료, 법무사·세무사 비용	인정 ○	인정 ○	동일
세금·공과	재산세, 종부세	불인정 X	인정 ○	보유세도 사업비 처리 가능
인건비·운영비	급여, 임차료, 차량 유지비, 식대	불인정 X	인정 ○	사업 관련 일반 관리비
기타 비용	명도비*, 소송비	제한적 △	인정 ○	개인은 권리확보 목적만 제한 인정

* 임차인의 조기 퇴거를 위해 지급되는 퇴거 보상금 등은 양도세 필요경비에서 제외되는 것이 현재 국세청의 입장이다. 실무 적용 시에는 다시 한번 이를 점검하기 바란다.

무주택자가 조정지역 내 1주택을
계속 매매하면 세금은 어떻게 되나?

Q 무주택자가 매매업을 목적으로 조정지역 내 주택을 취득했다가 양도하면 세금은 어떻게 계산되나? 중과세가 적용되나?

A 무주택자는 조정지역이라 하더라도 본래 양도세 중과 대상이 아니다. 따라서 이 경우에는 비교과세가 적용되지 않는다. 다만, 국세청은 이를 사업소득으로 볼 것인지, 양도소득으로 볼 것인지 아닌지는 별도로 확인해야 한다.

1. 사업소득으로 계산하는 경우

해당 주택 매매차익을 사업소득으로 보아 종합소득세율(6~45%)을 적용한다.

2. 양도소득으로 계산하는 경우

무주택자의 1주택 양도는 중과세 대상이 아니므로, 일반 양도세율로 계산된다. 다만, 매매사업자로 등록되어 있고, 해당 주택이 재고자산으로 판단되면 비과세는 적용되지 않는다. 결과적으로 비교과세를 하더라도, 양도세 중과세율이 적용되지 않으므로 일반적인 사업소득세 부담으로 귀결된다.

→ 여기서 한 가지 점검해야 할 사항이 있다. 매매사업자를 선택하더라도, 국세청이 이를 과연 사업소득으로 인정해줄 것인가 하는 점이다.

- 거래 횟수
- 보유 기간
- 자금 회전 구조
- 광고·중개 여부
- 매매업 등록 여부는 보조지표

→ 등록했다고 무조건 사업소득으로 인정하는 것은 아니다.

Q 매매사업자가 규제지역 내에서 주택을 취득하면 토허제와 대출규제를 적용받는가?

A 토허제는 적용되지 않는다. 따라서 이에 따른 전입 의무와 실거주 의무는 없다. 그런데 대출을 받으면 6개월 이내 등 전입 의무와 기존 주택 처분 의무가 주어진다. 따라서 대출을 받지 않으면 이러한 규제가 적용되지 않는다.

사례

A씨는 무주택자로 조정지역에서 매매사업자등록을 낸 상태에서 빌라 1채를 6개월 만에 양도했다. 이 경우 토지거래허가도 적용되지 않았고, 담보대출도 없어 전입의무도 없었고, 또한 중과세가 적용되지 않아 양도세가 아닌 종합소득세를 적용받을 수 있었다.

B씨는 무주택 상태에서 비조정지역 내 아파트를 동시에 2채 취득한 후, 그중 1채에서 3년 이상 거주하며 이를 보유했다. 이후 해당 주택을 양도

할 계획이었는데, 주변에서 남은 주택을 매매사업자로 하면 세금이 깔끔하다는 말을 듣고 사업자등록을 고민했다.

시뮬레이션 결과, 사업자등록을 하면 해당 주택은 재고자산으로 분류되지 않을 수 있어 1주택 비과세를 적용받지 못하고, 양도차익 전부에 대해 양도세가 과세되는 구조였다. 반면 사업자등록 없이 비거주 아파트를 양도한 후 거주한 아파트를 양도하면 1세대 1주택 비과세가 적용되어 세금이 거의 발생하지 않았다. A씨는 사업자등록을 포기하고 최종 1주택을 비과세로 양도하는 선택을 했다.

> **Expert Tip**
>
> ### 1주택자는 사업자등록이 가장 위험한 선택일 수 있다
>
> 매매사업자는 주택을 재고자산으로 취급하기 때문에, 원칙적으로 1주택 비과세가 적용되지 않는다. 무주택자 또는 1주택자가 단기매매 목적이 아니라면, 사업자등록은 절세가 아니라 비과세를 스스로 포기하는 선택이 될 수 있다. 특히 조정지역 내 주택이라 하더라도, 1주택 비과세 요건을 충족할 수 있다면 사업자등록 전 반드시 세금 비교부터 해야 한다.

매매사업자가 본인의 거주주택을 양도하면 비과세가 가능한가?

Q 부동산 매매사업자다. 사업용 주택(판매용 주택) 외에 실제로 거주하던 집을 팔 때도 1세대 1주택 비과세를 받을 수 있나?

A 가능하다.

판례와 과세 실무의 기본 태도는 매매사업자가 보유한 판매용 주택은 재고자산으로서 주택 수 계산에서 제외된다는 것이다. **판매용 주택은 주택이 아니라 사업 재고로 보며, 주택 수에 포함하지 않는다.**

다만, 실제 거주한 주택이 1세대 1주택 비과세 요건(보유·거주)을 갖추고 있고 해당 주택이 매매사업의 재고자산이 아닌 거주 목적의 주택이라면 판매용 주택을 여러 채 보유하고 있더라도 거주주택에 대해서는 비과세 적용이 가능하다.

> **사례**

A씨는 부동산 매매사업자로, 비규제지역 주택 여러 채를 매입해 단기 매매를 반복해왔다. 이 주택들은 모두 장부상 재고자산으로 관리되어 있었고, 실제로 임대나 거주는 하지 않았다.

한편 A씨는 서울의 아파트 한 채에 8년 이상 거주해왔다. A씨가 해당 아파트를 양도했을 때, 과세관청은 판매용 주택을 주택 수에 포함하지 않았고, A씨는 1세대 1주택 비과세를 적용받을 수 있었다.

판매용 주택의 실체가 비과세의 관건이다

과세관청은 판매용 주택이라는 명칭 자체를 믿지 않는다. 해당 주택이 실제로 매매 목적이었는지, 반복적인 거래 실적이 있는지 장부에 재고자산으로 일관되게 계상되어 있는지를 엄격히 확인한다. 형식적으로만 재고자산으로 분류해놓고, 실질은 거주·보유였다면 비과세는 부인될 수 있다.

매매사업자가 거주주택 비과세를 지키려면, 매매업의 실체를 숫자와 기록으로 입증할 수 있어야 한다.

경매주택 2채와 거주주택 1채가 있는 경우, 거주주택 비과세 적용

Q 경매로 주택 2채를 취득한 뒤 사업자등록을 하고, 기존에 실제로 거주하던 주택을 양도하면 1세대 1주택 비과세가 가능한가? 만약 어렵다면, 경매로 취득한 주택을 먼저 양도한 뒤 최종 1주택을 거주주택으로 팔아야 하나?

A 결론부터 말하면, 바로 **거주주택을 양도해 비과세 받기는 쉽지 않다.** 경매로 취득한 주택이 매매용 주택으로 인정받기가 힘들 수 있기 때문이다. 다만, 정리 순서를 조정하면 비과세로 가져갈 수 있는 구조는 충분히 가능하다. 판단은 다음 순서로 이루어진다.

1. 경매로 취득한 주택의 성격

경매로 취득한 주택 2채는 원칙적으로 일반주택에 해당한다. 취득 경위가 경매라는 이유만으로 주택 수에서 제외되지는 않는다. 이 주택들을 실제로 매매 목적으로 반복 거래하고 장부상 재고자산으로 관리하며 매매사업의 실체가 명확한 경우에만 판매용 주택(재고자산)으로 주장할 수 있다.

그러나 실무에서는 경매로 취득한 주택이 단기간에 2채 동시에 존재하고, 아직 매매 실적이 충분하지 않은 상태라면, 과세관청이 이를 단순 다주택 보유로 보아 **거주주택 비과세를 부인할 가능성이 상당히 크다.**

2. 현실적으로 가장 안전한 선택

이 경우에는 경매주택을 먼저 정리한 뒤 거주주택을 양도하는 전략이 가장 안전하다. 구조는 다음과 같다.

① 1단계 : 경매로 취득한 주택 2채를 먼저 양도(이때 매매사업자로서 비교과
세·사업소득 과세 여부 검토)
② 2단계 : 경매주택이 모두 정리된 상태에서 기존 거주주택 1채만 남김.
③ 3단계 : 거주주택을 1세대 1주택 요건 아래에서 양도 → 비과세 적용

이 방식은 과세관청 처지에서 보더라도 다주택 상태에서 비과세를 노린 구조가 아니라, 주택 수를 정리한 후의 정상적인 1주택 양도로 받아들여질 가능성이 크다.

> **Expert Tip**
>
> **이 유형의 핵심은 사업자등록 시점이 아니라 정리 순서다**
>
> 경매주택을 취득한 직후 사업자등록을 했다는 사실은 비과세의 결정타가 아니다. 과세관청이 보는 핵심은 실제로 매매사업이 이루어졌는지, 경매주택이 언제, 어떻게 정리되었는지, 거주주택 양도가 다주택 상태에서 이루어졌는지다.
> 이 사례에서는 거주주택부터 팔까를 고민하기보다 경매주택을 언제까지 정리할 것인가를 먼저 설계하는 것이 절세의 출발점이다.

매매사업자가 일반주택을 양도하면
중과세가 적용되는가?

Q 부동산 매매사업자지만, 매매용이 아닌 장기보유 목적의 일반주택을 양도하면 세금은 어떻게 되나?

A 해당 주택이 사업용 자산이 아니라 개인용 주택이면 매매사업자 여부와 관계없이 일반 다주택자 양도세 규정을 그대로 적용받는다.

즉, 조정지역 내 주택이고 양도 시점에 다주택자에 해당한다면 중과세율(기본세율 + 20~30%P)이 그대로 적용된다.

→ 매매사업자는 **거주주택을 양도할 때의 비과세 적용 여부와 일반주택 중과세 판정 시 주택 수 포함 여부를 명확히 구분해야 한다.**

● **매매사업자의 일반주택 양도 시 주택 수 판단**

구분	판단 영역	주택 수 포함 여부	핵심 설명
매매사업자의 재고주택	양도세 비과세 판단	불포함 X	재고자산 성격의 주택은 일반주택 비과세 판정 시 주택 수에서 제외
	양도세 중과세 판단	포함 ○	**중과세 판단에서는 재고주택도 주택 수에 포함**
개인 명의 일반주택	비과세·중과 판단	포함 ○	당연히 포함

A씨는 부동산 매매사업자로 등록되어 있으며, 비규제지역 주택을 매매용 재고자산으로 사고파는 사업을 하고 있었다. 동시에 A씨는 조정지역 내 아파트 한 채를 10년 이상 보유하며 거주해왔다. 이 상태에서 거주주택을 양도한 후 비과세로 신고했으나 세무서에서는 별도의 이의를 제기하지 않았다.

→ 사업성이 부족한 경우 비과세를 받기가 힘들 가능성이 있으므로 주의해야 한다.

Expert Tip

재고자산이냐, 고정자산이냐는 취득 시점에 결정된다

매매사업자의 주택은 재고자산으로 장부에 계상되면 사업소득·비교 과세 대상이 되고 고정자산(임대용 자산을 말하며, 개인 거주용은 재무제표에 반영하지 않는다)으로 계상되면 양도세 체계로 과세된다.

이 구분은 취득 시점에 명확히 해두지 않으면, **세무조사 시 과세관청이 실질에 따라 판단하게 된다.** 그 결과, 예상하지 못한 중과세로 이어지는 경우가 매우 많다.

따라서 매매사업자는 주택 취득 단계에서부터 이 주택은 팔기 위한 것인지, 보유할 것인지를 장부와 내부 자료에 분명히 남겨두어야 한다.

매매사업자가 보유한 주택에 대한
종부세는 어떻게 되나?

Q 부동산 매매사업자가 보유한 재고 주택도 종부세를 내야 하나?

A 내야 한다.

원칙적으로 매매사업자가 보유한 주택도 종부세 합산 대상이다. 과거에는 매매사업자 재고주택에 대해 종부세 합산배제 혜택이 있었으나, 현재는 모두 폐지되었다. 즉, 재고자산이든 판매용 주택이든 실제 거주 여부와 무관하게 6월 1일 현재 보유하고 있으면 종부세 과세 대상이 된다. **매매사업자 등록은 종부세 절감과는 전혀 연결되지 않는다.**

또한, 매매사업자 주택은 주택 수 합산 대상이 되고 개인 명의라면 인별 합산, 법인 명의라면 별도의 높은 종부세 구조로 과세된다.

사례

A씨는 부동산 매매사업자로, 단기매매를 목적으로 아파트 여러 채를 보유하고 있었다. A씨는 어차피 재고자산이니 종부세가 나오지 않을 것으로 생각했지만, 6월 1일 기준으로 해당 주택들을 보유하고 있었기 때문에 종부세 고지서를 받았다. 매매 목적 여부와 관계없이 보유 사실만으로 과세된 사례다.

매매사업자에게 6월 1일은 보유세 기준일이다

종부세는 매년 6월 1일 현재 소유자를 기준으로 부과된다. 이 때문에 매매사업자들은 종부세 부담을 줄이기 위해 가능하면 6월 1일 이전에 재고 주택을 처분하려고 한다. 하루 차이로 1년 치 종부세가 갈릴 수 있기 때문이다.

매매사업자가 가장 많이 착각하는
주택 수 판단 7가지

1. 거주주택 비과세와 중과세 판단의 주택 수는 같다?

가장 흔한 착각이다. 거주주택 비과세 판단과 중과세 적용 판단은 주택 수 계산 방식이 다르다.

- 거주주택 비과세 판단 → 매매사업자의 판매용 주택(재고자산)은 주택 수에서 제외
- 중과세 적용 판단 → 판매용 주택이라 하더라도 원칙적으로 주택 수에 포함

→ 특히 **임대용 주택과 판매용 주택을 함께 보유한 경우에는 다양한 쟁점이 발생한다.** 예를 들어, 판매용 주택을 재고자산으로 등재한 경우라도 2년 이상 임대한 상태에서 거주주택을 양도하면 비과세가 적용되지 않을 수 있다. 매우 중요한 사항이므로 반드시 이에 밝은 저자, 전문가 등과 상의하기 바란다.

● 임대용 부동산을 함께 보유한 경우의 주택 수 판단

세목	매매용 주택	임대용 주택	실무 포인트
취득세 주택 수	포함	포함	용도 불문, 전부 주택
양도세 비과세 판단 시 주택 수	불포함	포함	재고자산 vs 거주자산 구분
양도세 중과 판단 시 주택 수	포함	포함	매매용 주택은 중과세 판단 시 포함함에 유의
종부세 주택 수	포함	포함	등록한 임대주택은 합산배제
종합소득세	사업소득	임대소득	소득 구분 필수

2. 매매사업자면 주택은 전부 재고자산이다?

아니다.

매매사업자라도 실제 거주한 주택, 장기보유 목적 주택, 장부상 고정자산(임대용)으로 관리한 주택은 일반주택으로 보며, 중과세 판단 시 그대로 주택 수에 포함된다. 사업자라는 신분이 주택의 성격을 자동으로 바꾸지는 않는다.

3. 판매용 주택이 많으면 거주주택 비과세가 안 된다?

이것도 틀린 말이다.

판례와 실무는 판매용 주택은 주택 수에서 제외하는 견해다. 따라서 거주주택이 실제 거주 사실이 명확하고 보유·거주 요건을 충족한다면 **판매용 주택이 여러 채 있어도 거주주택 비과세는 가능하다**. 다만, 이때 전제는 판매용 주택의 실체가 명확해야 한다는 점이다.

4. 사업자등록만 하면 판매용 주택으로 인정된다?

전혀 아니다.

과세관청은 거래 횟수, 반복성, 매입 목적, 장부 처리, 실제 사용 상태를 종합적으로 본다. 사업자등록은 참고 요소일 뿐이며, 실제 매매업의 실체가 없으면 판매용 주택 주장은 쉽게 부인된다.

5. 재고자산이면 중과세도 피할 수 있다?

아니다.

재고자산 여부는 거주주택 비과세 판단에서는 유리하지만, 중과세 판단에서는 방패가 되지 않는다. **조정지역 내 일반주택을 양도하면 매매사업자라도 재고자산과 무관하게 다주택자 중과세율이 그대로 적용될 수 있다.**

6. 주택 수 판단은 하나의 기준으로 통일되어 있다?

실무에서는 정반대다. 주택 수는 비과세 판단, 중과세 판단, 종부세 판단, 취득세 판단마다 각각 다른 기준으로 계산된다. 따라서 매매사업자일수록 '지금의 판단이 어떤 세목에 대한 것인가'를 먼저 따져봐야 한다.

7. 장부에만 재고자산으로 올리면 끝이다?

가장 위험한 착각이다. 장부 처리는 중요하지만, 결정적인 판단 기준은 '실질'이다. 실제 거주 흔적이 있거나, 임대 사실이 존재하거나, 장기보유 정황이 확인되는 경우에는 장부 기재와 무관하게 고정자산(일반주택)으로 재분류될 수 있다. 그 순간 중과세 적용과 거주주택 비과세 부인이 동시에 발생할 수 있다.

Expert Tip

매매사업자의 주택 유형별 주택 수 판정 요약

구분	비과세 판정 시 (거주주택)	중과세 판정 시 (세율 결정)	핵심
매매용 주택(재고)	제외	포함	재고자산으로서의 실질 입증
일반 주택(거주)	대상 주택	포함	2년 실거주 및 보유 요건
임대주택(등록)	제외(특례 충족 시)	중과배제 (요건 충족 시)	9·13 대책 이후 취득분 주의
분양권·입주권	포함(21년 이후분)	주택 수 합산	권리 상태에서의 양도 전략

법인은 개인에 적용되는
부동산 규제 제도를 적용받는가?

Q 투기과열지구, 토허제, 조정지역 같은 부동산 규제는 법인에도 그대로 적용되나? 아니면 개인만 대상인가?

A 대부분의 규제는 법인에도 그대로 적용되며, **일부는 오히려 법인이 더 불리하다.** 부동산 규제는 사람이 아니라 부동산 거래 주체 전체를 대상으로 설계되어 있기 때문이다. 주요 규제별로 보면 다음과 같다.

1. 투기과열지구

투기과열지구 내에서는 주택담보대출 제한, 분양권 전매 제한, 청약 제한 등이 적용되는데, 법인은 주택담보대출이 사실상 불가능하거나 매우 제한된다. 즉, 개인보다 오히려 자금조달 측면에서 불리한 경우가 많다.

2. 토허제

토지거래허가제는 법인에도 동일하게 적용된다. 법인은 실거주 요건을 충족하기 어려우므로, 주거용 토지·주택의 경우 허가 자체가 더 까다롭거나 사실상 불가능한 예도 있다(단, 사택 등은 예외). 법인으로 사면 허가가 쉬울 것이라는 인식은 현실과 정반대다.

3. 조정지역

조정지역 지정 효과는 법인에게는 영향을 주지 않는다. 법인은 조정지역과 무관하게 취득세 중과, 종부세 고율, 양도 시 추가 법인세 등을 적용받는다.

> **Expert Tip**
>
> ### 법인 사택의 토지거래허가 심사 기준
>
> | 구분 | 허가 가능 요건 | 불허가 사유 |
> | --- | --- | --- |
> | 입주 대상자 | 일반 직원
(※ 복지 차원만 인정) | 임원
(※ 대표이사, 이사, 감사 등 임원 거주용은 허가 불가) |
> | 취득 목적 | 사원 주거용(기숙사/사택)
· 회사 업무와 연관성 입증 필수
· 해당 지역에 사택이 필요한 사유 소명 | 단순 투자 및 임대
· 시세 차익 목적
· 직원 무상 거주가 아닌 유상 임대 형식이면 불리할 수 있음. |
> | 이용 의무 | 2년 실사용 의무
(※ 취득 후 2년간 매매·임대 금지) | 의무기간 내용도 변경 또는 타인 양도 시 이행강제금 부과 및 허가 취소 |
> | 증빙 서류 | · 이사회 회의록(사택 취득 결의)
· 사택 사용 계획서
· 재직 증명서 등 | 소명이 불분명한 경우 등 |
>
> → 사택에 대한 취득세, 종부세, 추가 과세 등에 관한 내용은 별도로 살펴보기 바란다. 저자의 책을 참조해도 된다.

최근 부동산 법인에 대한
세제 강화책은 무엇인가?

Q 최근 몇 년간 부동산 법인에 대해 어떤 세제 강화가 있었나? 실제로 어떤 불이익이 생겼나?

A 최근 세제 정책의 방향은 분명하다. 부동산 보유·임대용 법인을 통한 절세 차단이다. 대표적인 강화 내용은 다음과 같다.

1. 주택 양도 시 법인세 추가 과세

법인이 주택·분양권·입주권을 양도하면 일반 법인세 외에 20% 추가 법인세율이 적용된다. 이는 개인의 양도세 중과를 대체하는 장치로, 법인을 통한 우회 절세를 막기 위한 제도다.

2. 법인 종부세 구조의 강화

법인은 기본공제 없이 공시가격 전액 과세, 단일 고율 세율(2.7% 또는 5%)이라는 구조로, 주택을 오래 보유할수록 세 부담이 기하급수적으로 커진다.

3. 임대법인에 대한 세 부담 증가

과거에는 임대법인이 비용 처리, 소득 분산 측면에서 유리했으나, 최근에는 법인세 부담 증가, 임대 관련 비용의 엄격한 손금 요건, 세무조사 강화 등으로 실익이 크게 줄었다.

→ 2026년 법인세율은 10~25%이나, **소규모 성실신고법인**(주업 임대업+근로자 5인 미만+가족 법인)**의 법인세율은 20~25%가 적용된다.**

4. 비용 처리 및 접대비 규제 강화

부동산 법인의 경우 접대비 인정 한도, 업무 무관 비용 판단이 매우 엄격하게 적용된다. 특히 대표자 개인적 사용이 섞인 비용은 손금 부인은 물론, 상여 처분으로 이어질 가능성이 크다.

5. 법인 활용에 대한 전반적 감시 강화

부동산 법인은 명의 분산, 소득 이전, 양도세 회피수단으로 활용되는 경우가 많았기 때문에, 현재는 과세당국의 관리 대상 1순위에 가깝다.

법인사업자가 본인의 거주주택을 양도하면 비과세가 가능한가?

Q 법인 대표가 개인 명의로 보유한 주택을 양도할 때, 법인이 주택을 보유하고 있다는 사실이 비과세에 영향을 주나?

A 영향을 주지 않는다.

법인과 개인은 세법상 완전히 별개의 인격이므로, 법인이 보유한 주택은 대표자 개인의 주택 수에 포함되지 않는다.

따라서 대표자가 개인 명의로 1주택만 보유하고 있고 해당 주택이 1세대 1주택 비과세 요건(보유·거주)을 충족한다면 법인이 주택을 여러 채 보유하고 있더라도, **대표자는 개인 1주택자로서 비과세를 온전히 적용**받을 수 있다.

사례

A씨는 개인 명의로 아파트 1채에 실거주하고 있으며, 동시에 본인이 대표로 있는 법인이 주택 3채를 보유하고 있다. A씨가 개인 명의 아파트를 양도할 경우, 법인 보유 주택은 개인 주택 수에 포함되지 않으므로 1세대 1주택 비과세가 적용된다.

법인의 가장 큰 장점은 개인의 비과세를 건드리지 않는 것이다

이 점이 바로 많은 납세자가 법인을 활용하는 이유 중 하나다. 개인은 1주택 비과세 지위를 유지한 채, 추가 투자는 법인 명의로 분리할 수 있기 때문이다. 다만, 이는 비과세 유지의 장점일 뿐, 법인 자체의 세 부담이 가볍다는 의미는 아니다.

법인이 주택을 양도하면
추가 과세는 어떻게 되나?

Q 법인이 주택을 양도할 때, 일반 법인세 외에 추가로 부담해야 할 세금이 있나?

A 있다.

법인이 주택·분양권·입주권을 양도하면 일반 법인세 외에 20%의 추가 법인세율이 적용된다. 구조는 다음과 같다.

- 일반 법인세율 : 10%~25%(소규모 성실신고법인 20%~25%)
- 주택 등 양도 시 추가 법인세율 : 20%

이를 합치면 실질 세 부담은 약 30~40%대에 이르게 된다.
즉, 법인은 개인처럼 중과세율(최대 82.5% 등)은 없지만, 기본적으로 양도차익을 많이 남겨야 의미가 있는 구조다.

사례

B 법인은 주택을 매입해 5억 원의 양도차익을 남기고 매도했다. 이 경우 일반 법인세에 주택 추가 과세까지 적용되어, 실제 납부 세율은 약 42% 수준이 되었고, 세금은 약 2억 1,000만 원에 달했다.

법인은 중과를 피하는 수단이지, 무조건 세금을 줄여주는 수단은 아니다

개인 다주택자의 중과세율과 비교하면 법인의 세율이 낮아 보일 수 있다. 그러나 취득세 중과, 종부세, 출구 단계의 법인세 구조까지 함께 보면, 법인은 단순 절세 수단이 아니라 고수익을 전제로 한 구조임을 이해해야 한다.

법인의 종부세는
어떻게 되나?

Q 법인이 주택을 보유할 경우 종부세는 어느 정도 부담되나?

A 법인은 개인과 전혀 다른 종부세 구조를 적용받는다.
핵심적인 차이는 다음과 같다.

1. 기본공제 없음(개인은 9억 원 공제).
2. 공시가격 전체가 과세표준
3. 단일 고율 세율 적용
   - 2주택 이하 : 2.7%
   - 3주택 이상 : 5.0%
4. 세 부담 상한률 : 없음(개인은 2026년 기준 150%임).

즉, 법인은 주택 1채만 보유해도 공시가격 전액에 대해 고율의 종부세를 부담한다.

사례

C 법인은 공시가격 15억 원짜리 아파트 1채를 보유하고 있었고, 개인이라면 상당 부분 공제가 될 상황이었지만, 법인은 기본공제가 없어 연

간 종부세 부담이 크게 발생했다.

법인의 주택 보유는 장기보유와 궁합이 맞지 않는다

법인은 주택을 오래 들고 갈수록 종부세 부담이 누적된다. 따라서 법인은 단기매매, 개발 후 분양, 빠른 회전 구조에 적합하며, **장기보유용 주택은 개인 명의로 두는 것이 일반적으로 유리하다.**

● 개인 vs 법인 종부세 과세 방식 비교(핵심 요약)

구분	개인	법인
과세 대상	주택, 종합 합산 토지, 별도 합산 토지	동일
과세 단위	인별 과세	법인 단위 과세
공정시장가액비율	적용(주택 60~100% 범위)	동일
기본공제	있음(1세대 1주택 12억 원, 일반 9억 원).	없음.
1주택자 특례	적용	미적용
세율 구조	누진세율	단일세율(고율)
세 부담 상한	있음(150%).	없음.
합산 방식	인별 합산	법인 보유 물건 전부 합산

주택 관련 법인이 반드시 주의해야 할
세금 함정 77가지

1. 취득세 중과의 함정

법인이 주택을 취득하면 원칙적으로 취득세 12%가 적용된다. 증여든 매매든 예외가 거의 없으며, 취득 단계에서 이미 큰 세금이 확정된다.

2. 종부세 기본공제 없음

법인은 개인과 달리 기본공제(9억 원)가 없다. 공시가격 전액에 대해 단일 고율 세율(2.7% 또는 5%)이 적용되므로, **보유 기간이 길어질수록 세 부담이 급격히 증가한다.**

3. 주택 양도 시 추가 법인세

법인이 주택·분양권·입주권을 양도하면 20% 추가 법인세가 부과된다. 이는 개인의 중과세를 대체하는 장치로, **법인을 통한 절세를 원천적으로 차단한다.**

4. 배당 단계의 이중과세

법인에서 발생한 이익을 대표자나 주주가 가져가려면 배당소득세가 추가로 발생한다. 법인에 남겨두면 된다는 말은 출구를 포기한다는 뜻과 같다.

5. 비용 처리의 착각

법인은 비용을 많이 인정받을 수 있을 것처럼 보이지만, 부동산 법인의 경우 접대비, 차량비, 대표자 관련 비용은 업무 무관 비용으로, 손금 부인될 가능성이 매우 크다. 세무조사 리스크도 크다.

6. 규제 회피 수단이라는 착각

투기과열지구, 토지거래허가, 조정지역 규제는 법인에도 그대로 적용된다. 금융·허가 측면에서는 오히려 법인이 더 불리한 경우도 많다.

7. 장기보유와 최악의 궁합

법인은 주택을 오래 들고 갈수록 종부세 누적 관리 비용 증가 출구 세금 확대로 이어진다. 법인은 장기보유용 그릇이 아니다.

부동산 세금 상담, 이렇게 접근하자

부동산 세금 문제는 '정보 탐색 → 공식 확인 → 전문가 검증'의 순서로 접근하는 것이 가장 안전합니다.

상황의 복잡도에 따라 상담 방법을 달리 선택해야 불필요한 비용과 위험을 줄일 수 있습니다.

1. 인터넷·AI 활용(기초 단계)

가장 먼저 활용할 수 있는 방법은 포털 검색, AI 상담 서비스입니다.

1) 활용 범위

제도 개요 파악, 기본 요건 확인, 용어·개념 정리 등

2) 주의점

개별 사례 적용에는 한계가 있을 수 있고, 취득 시기·보유 기간·주택 수 등 조건 하나만 달라도 결론이 달라질 수 있음.

→ 정답이 아니라 **질문을 정리하는 단계로 활용**하는 것이 바람직합니다.

2. 국세청 홈택스 상담(공식 해석 확인 단계)

국세청 홈택스의 상담 사례, 유권해석, 질의응답은 공식 입장을 확인하는 데 유용합니다.

1) 활용 범위
단순한 법 적용 여부, 일반적인 과세 기준 확인, 신고 절차 및 형식 검토

2) 한계
개별 납세자의 세부 사정은 반영되지 않으며, 절세 전략이나 선택지 비교는 제공되지 않음.

→ **과세냐 비과세냐의 기준 확인용으로 활용**하는 것이 적절합니다.

3. 전문가 방문 상담(의사 결정 단계)

다음과 같은 경우에는 **반드시 전문가 상담이 필요**합니다.

- 다주택 상태
- 재건축·재개발·입주권·분양권 관련
- 상속·증여와 매도가 얽힌 경우
- 법인 활용 여부를 고민하는 경우
- 세금이 수천 만 원에서 수억 원 단위로 갈리는 경우

전문가 상담의 핵심은 세법 설명이 아니라 선택지 비교와 리스크 제거입니다.

4. 저자 상담 안내

이 책의 내용은 실제 상담 현장에서 반복된 질문과 사례를 바탕으로 구성되었습니다.
책으로 해결되지 않는 경우, 다음 상담 창구를 활용할 수 있습니다.

1) 무료 상담 : 네이버 카페 – 신방수세무아카데미
일반적인 질문, 제도 이해 중심 상담, 사례 공유 및 방향성 점검

2) 유료 상담 : 사무실 방문 상담
개별 상황 분석, 주택 수·매도 순서·타이밍 설계, 세금 시뮬레이션 및 대안 제시 등

→ 수억 원의 세금이 걸린 문제라면, 한 번의 유료 상담이 가장 저렴한 선택이 될 수 있습니다.

신방수 세무사의
부동산 세금
핵심 질문 100

제1판 1쇄 2026년 3월 19일

지은이 신방수
펴낸이 한성주
펴낸곳 ㈜두드림미디어
책임편집 최윤경
디자인 김진나(nah1052@naver.com)

㈜두드림미디어
등 록 2015년 3월 25일(제2022-000009호)
주 소 서울시 강서구 공항대로 219, 620호, 621호
전 화 02)333-3577
팩 스 02)6455-3477
이메일 dodreamedia@naver.com(원고 투고 및 출판 관련 문의)
카 페 https://cafe.naver.com/dodreamedia

ISBN 979-11-24026-27-4 (03320)

**책 내용에 관한 궁금증은 표지 앞날개에 있는 저자의 이메일이나
저자의 각종 SNS 연락처로 문의해주시길 바랍니다.**

책값은 뒤표지에 있습니다.
파본은 구입하신 서점에서 교환해드립니다.